Jürgen Gerlach/Heinrich Nejedly

Kanuwandern in Süddeutschland

30 ausgewählte Flüsse in Bayern und Baden-Württemberg

blv

Die Deutsche Bibliothek –
CIP-Einheitsaufnahme

Ein Titelsatz für diese Publikation ist bei Der Deutschen Bibliothek erhältlich

Bildnachweis:
Jürgen Gerlach: Seite 2, 10, 11, 19, 25, 26, 29, 62, 78u., 81, 85, 88, 91, 95, 99, 101, 105, 111u., 114, 116. – Heinrich Nejedly: Seite 14, 17, 21, 23, 30, 32, 33, 35, 37, 39, 40, 42, 45, 48, 49, 53, 60, 63, 65, 67, 69, 71, 73, 74, 75, 78o., 83, 87, 93, 97, 103, 107, 109, 111o., 122, 124, 127. – Alfons Kettner: Seite 51, 59. – Alfons Zaunhuber: Seite 55, 57. – Horst Fürsattel: Seite 118, 120.
Flussverlaufskizzen von den Autoren.

Hinweis
Das vorliegende Buch wurde sorgfältig erarbeitet. Dennoch erfolgen alle Angaben ohne Gewähr. Weder Autor noch Verlag können für eventuelle Nachteile oder Schäden, die aus den im Buch vorgestellten Touren und Informationen resultieren, eine Haftung übernehmen.

BLV Verlagsgesellschaft mbH
München Wien Zürich
80797 München

8., neu bearbeitete Auflage (Neuausgabe)

Wir bedanken uns bei Gerd Burghart, Lothar Grutke, Heide Hassert, Ulrich Heß, Alfons Kettner und Gert Molewski für ihre freundliche Mitarbeit sowie bei allen unbekannten Kanuten, die uns als Fotomotive dienten.

Lektorat: Maritta Kremmler
Herstellung: Angelika Tröger
Umschlagfotos: Horst Fürsattel (Vorderseite), Jürgen Gerlach (Rückseite)
Layoutumsetzung und Lithografie:
Uhl + Massopust, Aalen
Druck: Stalling, Oldenburg

Printed in Germany
ISBN 3-405-16230-0

Erläuterung der Symbole

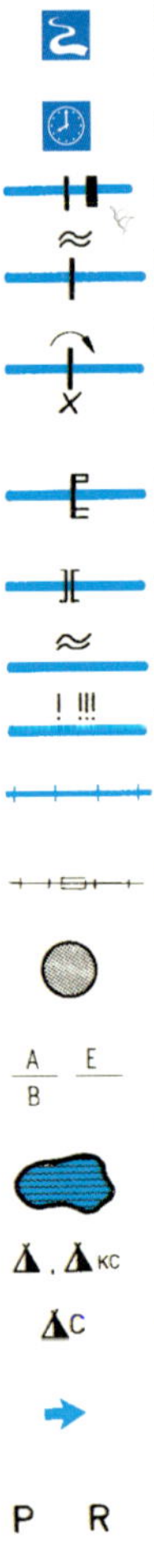

- Gesamtlänge der Wanderung
- Dauer der Wanderung
- Wehr, Staumauer
- Befahrbares Wehr
- Wehr mit Umtragestelle (auch Rampe mit Rollwagen)
- Wehr mit Bootsschleuse
- Wehr mit Bootsgasse
- Wichtige Brücke
- Stromschnelle, Schwall
- Vorsicht, Gefahr
- Kanal
- Eisenbahnstrecke, Bahnhof
- Ortschaft
- Autobahn, Europastraße
- Bundesstraße, Fernstraße
- See, ruhiges Gewässer
- Zeltplatz, Kanu-Club
- Campingplatz
- Einsetzstelle, Aussetzstelle
- Parkplatz, Rast-/Grillstelle

Inhalt

1 Donau
2 Lauchert
3 Wörnitz
4 Altmühl
5 Vils
6 Naab
7 Schwarzach
8 Regen
9 Ilz
10 Untere Isar
11 Inn
12 Salzach
13 Alz
14 Loisach
15 Mittlere Isar
16 Amper
17 Iller
18 Schussen
19 Neckar
20 Nagold
21 Enz
22 Kocher
23 Jagst
24 Tauber
25 Fränkische Saale
26 Main
27 Regnitz
28 Wiesent
29 Pegnitz
30 Sächsische Saale

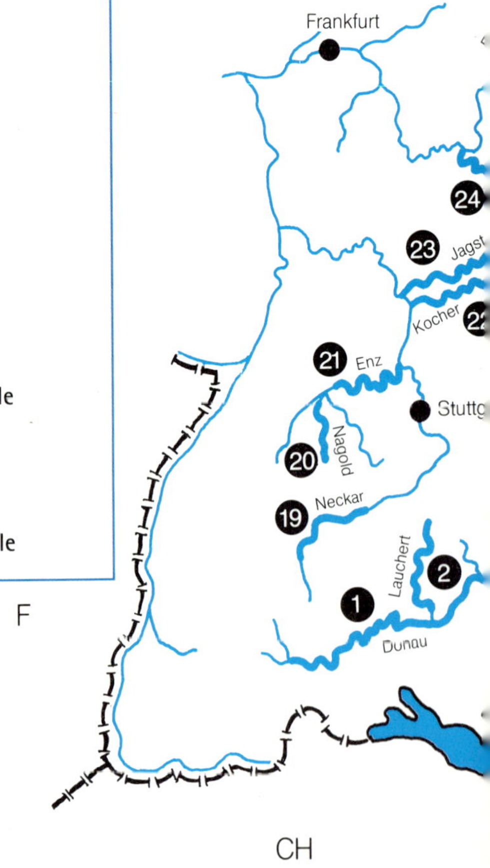

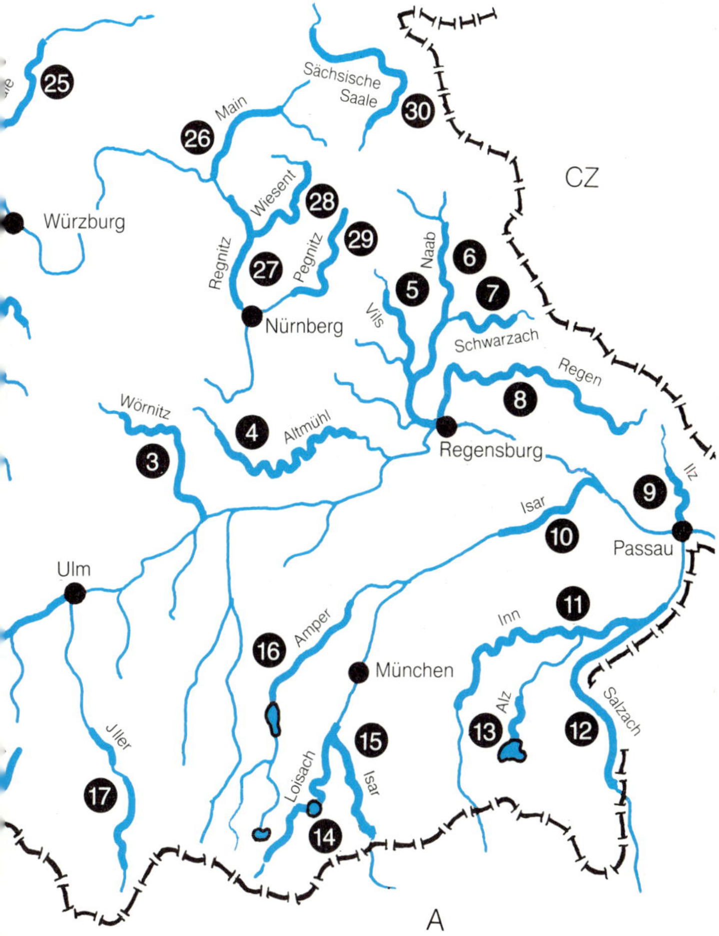

25
Main
26
Sächsische
Saale
30
CZ
Würzburg
Wiesent
28
29
Regnitz
27
Pegnitz
Naab
6
5
7
Vils
Nürnberg
Schwarzach
Regen
8
Wörnitz
4
Altmühl
3
Regensburg
Ilz
9
Isar
10
Passau
Ulm
11
Inn
Amper
16
München
Salzach
Alz
Jller
13
12
15
Loisach
Isar
17
14
A

Einführung

Oft begegnen wir auf unseren Straßen Wassersportlern, die auf dem Autodach Kanus, Schlauchboote oder sogar mehrere schlanke Kajaks zu einem Fluss oder See im Ausland transportieren, um dort ihren Urlaub zu verbringen. Zeitschriften und Fernsehprogramme locken mit faszinierenden Berichten über Flussfahrten im Grand Canyon, in Kanada und im Himalaja. Wir sehen atemberaubende Szenen bei Wildwasserbefahrungen in Chile oder Afrika. Um jedoch die ursprüngliche, für jeden zugängliche Form dieser Sportart, das Kanuwandern, zu erleben, müssen wir nicht nach Alaska oder Skandinavien fahren, wie es manche Reisebüros heute anbieten. Bei uns in Deutschland gibt es noch eine Reihe von natürlichen Gewässern, die eine erholsame Wochenendfahrt oder große Ferienwanderung im Boot erlauben. Dazu brauchen wir keine hoch spezialisierte Ausrüstung wie beim Wildwasserfahren; ein älteres Kanu, Faltboot oder steuerbares Schlauchboot genügt, um diese überschaubaren und trotzdem abenteuerlichen Flusswanderungen selbst zu erleben. Ein Kraftprotz muss man auch nicht sein, nur schwimmen muss man können und sich Zeit lassen. Mit diesem Kanu-Wanderbuch sollen alle angesprochen werden, die vorm Fernseher sitzend oder über das Buch geneigt von Reisen und Abenteuern träumen. Auch jene, die das Sportliche mit dem Kulturellen verbinden wollen. Unsere Flusstäler sind voller historischer Sehenswürdigkeiten; wie Perlen auf einem Faden reihen sich an manchen Ufern alte Städte, Burgen und Schlösser aneinander. Naturliebhaber und Romantiker: Es gibt noch das geruhsame Paddeln im Morgendunst, es schreiten noch immer die weißen Störche durch die Feuchtwiesen am Fluss entlang, und es gibt auch noch die stillen Abende am Flussufer mit stimmungsvollen Sonnenuntergängen überm Wasser.

Viele Gewässer sind wieder sauber geworden und auch bei den leidigen Befahrungsregelungen sehen wir auf Grund der Bemühungen des DKV (Deutscher Kanu-Verband) Licht am Ende des Tunnels. Gutachten bestätigen, dass Kanusport mit den Belangen des Naturschutzes in Einklang steht. Die Novelle zum Bundesnaturschutzgesetz sieht umfangreiche positive Regelungen für einen natur- und landschaftsverträglich ausgeübten Sport vor.

Die nachfolgende Auswahl von 30 Wanderflüssen in Bayern und Baden-Württemberg soll bei der Planung und Vorbereitung neuer Touren und Ferienfahrten helfen. Die Bilder wollen – neben der Information – dazu beitragen, an langen Winterabenden die Erinnerungen an sommerliche Fahrten wach zu halten. Es war nicht leicht, diese Tourenauswahl zu treffen. Es sollten Wanderflüsse sein, deren Wasser noch verhältnismäßig sauber ist und deren Landschaft abwechslungsreich und ursprünglich blieb. Die Touren sollten ganzjährig oder vom Frühjahr bis weit in den Sommer, auch für weniger Erfahrene, möglich sein. Auch sollten öffentliche Schifffahrtsstraßen gemieden werden.

Die ausgesuchten 2000 Wanderkilometer gliedern sich in 3 Tagesfahrten, 20 mehrtägige Wanderungen und 7 »Ferienflüsse«, für die man sich besonders viel Zeit nehmen sollte. Nachfolgend werden der Charakter der jeweiligen Flusslandschaften sowie die wassertechnischen und sportlichen Akzente des Wanderflusses anhand von Text, Bild und Streckenkarte aufgezeigt. Hinweise über brauchbare Karten und spezielle Flusswanderliteratur erleichtern die Tourenplanung. Die Flusskarten werden mit jeder Auflage auf aktuellen Stand ergänzt und sind so gestaltet, dass der Leser alle notwendigen Informationen über Hindernisse, Wehre, Umtragestellen und Campingplätze schnell und übersichtlich findet.

Man darf aber nicht vergessen, dass mit jedem Hochwasser und durch Baumaßnahmen sich die wassertechnischen Verhältnisse am Fluss etwas ändern. So ist jede Tourenbeschreibung dazu verurteilt, im Laufe der Zeit von der Wirklichkeit überholt zu werden. Auch Änderungen des Wasserstands beeinflussen die Befahrbarkeit. Kleine, niedliche Wiesenbäche können bei Hochwasser zu reißenden Wildflüssen werden und manches harmlose Wehr zur tödlichen Falle (siehe auch Informationen zu »Pegeldienst« im Anhang).

Das Wort »Wehr« ist gefallen: Als künstliche Flussverbauungen bedeuten Wehre eine Gefahr für den Wasserwanderer. Grundsätzlich sollte man vor jedem rechtzeitig anlegen, es besichtigen, Hinweistafeln beachten. Eine eventuelle Befahrung der schrägen Wehre mit ablaufendem Wasser sorgfältig abwägen und im Zweifelsfall immer die Boote umtragen: dabei ist noch niemand gekentert! Steilwehre und Stufen mit Tosbecken, in denen sich ein Rücksog bildet, sind grundsätzlich lebensgefährlich und dürfen nie befahren werden!

Auf unseren Flussfahrten begegnen wir auch Anglern, die manchmal mit misstrauischen Blicken unsere Boote verfolgen. Wir nehmen Rücksicht auf ihre teuren Ruten, fahren einen kleinen Bogen und grüßen freundlich.

Natürlich wollen wir auf klaren Flüssen paddeln und an sauberen Ufern rasten. Ein Kanufahrer hinterlässt darum in der Natur keinen Müll. Ein kleiner Klappspaten, immer im Boot mitgeführt, löst auch das Problem der menschlichen Abfälle. Bei unseren Kanuwanderungen verhalten wir uns leise, paddeln auf Kleinflüssen nicht in großen Gruppen und stellen unsere Autos auf Parkplätzen ab. Fahrverbote und zeitweise Flusssperrungen in Naturschutzgebieten beachten wir, um die schützenswerten Refugien für Wasservögel zu erhalten.

Es gibt zwar sehr gute Lehrbücher, aus denen wir viele Kniffe des Kanuwanderns lernen können, doch als Anfänger suche man den Kontakt zu erfahrenen Wanderfahrern. Am Anfang nie alleine fahren! Sicher findet auch jeder in seiner näheren Umgebung einen Kanuverein, dessen Mitglieder ihm kameradschaftlich mit Rat und Tat helfen, den Einstieg in die schöne, naturverbundene Sportart des Flusswanderns zu erleichtern. Einen Verein in Ihrer Nähe nennt Ihnen der DKV gerne unter der Tel.-Nr. 0203-997590 oder im Internet unter www.kanu.de.

Jürgen Gerlach
Heinrich Nejedly

Donaueschingen – Ulm
Stromgebiet Donau

Donau 1

195 km

Ferienfahrt

Kaum ein anderer Fluss führt uns so abwechslungsreiche Landschaftsbilder vor Augen wie die Donau auf ihrem Weg von der Quelle in Donaueschingen bis nach Ulm. Der englische Rechtsanwalt John MacGregor, der als erster Kanute bereits 1865 die Donau befuhr, war von der ihn umgebenden Szenerie restlos begeistert. Er notiert: »Bald schmücken Häuser und alte Burgen die Berge, dann Wald und Felsen, und damit beginnt kühn, wild und waldig das großartige Panorama einer herrlichen Flusslandschaft, das nun Tag für Tag an mir vorbeifließt. Ich habe viele hübsche Flüsse gesehen, aber nur wenige übertreffen die Obere Donau mit ihren Reizen. Die Felsen sind so hoch und zerklüftet, der Wald ist so dicht, das Wasser so klar und das Gras so grün. In Windungen und Kehren geht es dahin; dann und wann mit leichtem Paddelschlag in Schussfahrt eine Schnelle hinab... Das erzeugt etwa das gleiche Gefühl in der Magengegend, wie man es verspürt, wenn man an einem Seil vorwärts durch die Luft schwingt. Das Erlebnis, ein Kanu auf einem schnellen, unbekannten Fluss zwischen hohen Ufern zu paddeln, übertrifft alle anderen Reisearten bei weitem.« (aus: 1000 Meilen im Rob-Roy Canoe)

Anfangs reguliert durch den fürstlichen Park fließend, mäandert sie, sich mit hellen Schilfrändern schmückend, im Hochflächenried vor Neudingen, schwingt bei Geisingen in einem eleganten Bogen um den vulkanischen Wartenberg herum, um in der seichten, geologisch durchlässigen Talmulde vor Immendingen einen Teil ihres Wassers zu verlieren. Der Aderlass ist so stark, dass dieser Abschnitt für Kanufahrer nur im Frühling oder regenreichen Sommer befahrbar ist. Erst ab Möhringen wird die Donau ausgiebig von neuen Zuflüssen gespeist und kommt dann in Tuttlingen wieder als richtiger Fluss an. Als ob sie Anlauf nähme, nähert sie sich in sanften Bögen den 300 m hohen, immer dichter zusammenrückenden Kalksteinriegeln der Schwäbischen Alb, um bei Fridingen in das Gebirge einzudringen. In vielen Schleifen gelingt ihr dieser Durchbruch. Eine aufregende Sze-

△ *Die Donau gehört mit ihren landschaftlichen Reizen zu den schönsten deutschen Flüssen.*

Anfahrt

A 81 Stuttgart–Singen, Dreieck Dürrheim nach Donaueschingen; oder A 81, Ausfahrt Geisingen; von Ulm auf der B 311 und B 32 nach Sigmaringen.

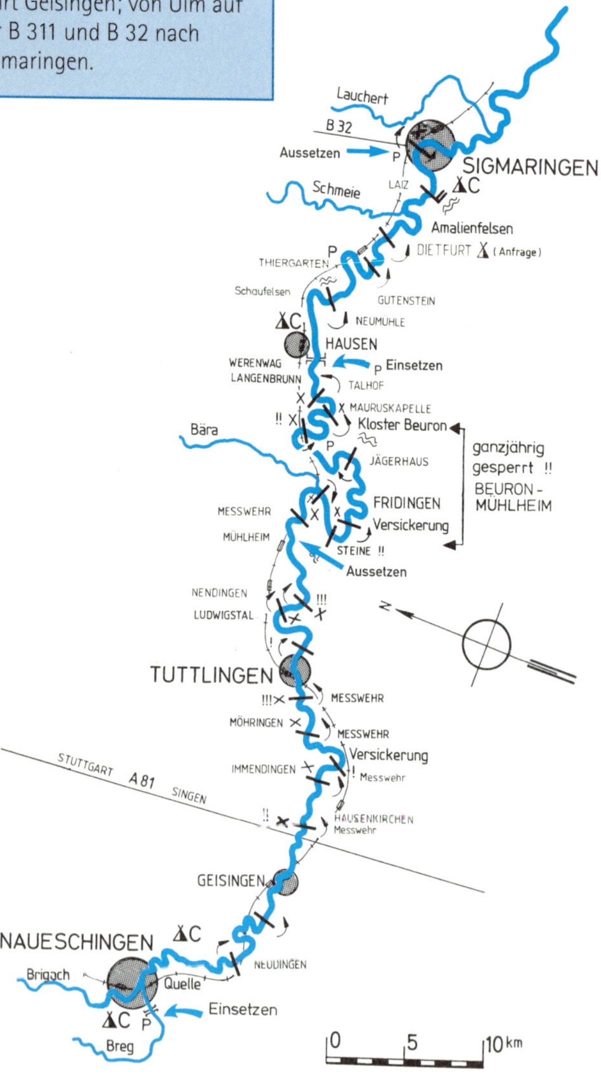

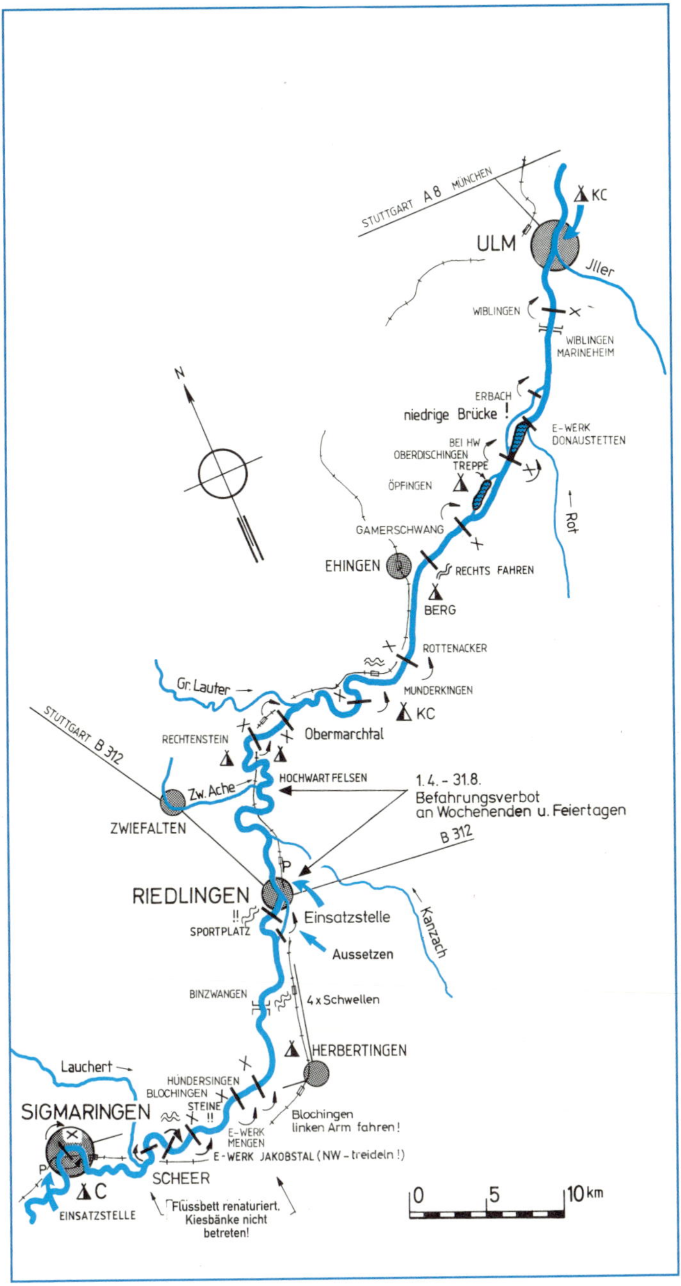
STUTTGART A 8 MÜNCHEN
KC
ULM
Jller
WIBLINGEN
WIBLINGEN MARINEHEIM
ERBACH
niedrige Brücke !
E-WERK DONAUSTETTEN
BEI HW
OBERDISCHINGEN
TREPPE
ÖPFINGEN
Rot
GAMERSCHWANG
EHINGEN
RECHTS FAHREN
BERG
ROTTENACKER
Gr. Lauter
MUNDERKINGEN
KC
Obermarchtal
RECHTENSTEIN
STUTTGART B 312
HOCHWART FELSEN
1.4. - 31.8.
Befahrungsverbot
an Wochenenden u. Feiertagen
Zw. Ache
ZWIEFALTEN
B 312
P
RIEDLINGEN
Einsatzstelle
SPORTPLATZ
Aussetzen
Kanzach
BINZWANGEN
4 x Schwellen
HERBERTINGEN
Lauchert
HÜNDERSINGEN
BLOCHINGEN
STEINE !!
SIGMARINGEN
E-WERK MENGEN
Blochingen
linken Arm fahren!
E-WERK JAKOBSTAL (NW - treideln !)
SCHEER
C
EINSATZSTELLE
Flussbett renaturiert,
Kiesbänke nicht
betreten!
0 5 10 km
N

Flott geht es durch die enge Bootsgasse am Laizer Wehr.

nerie bietet sich dem Flusswanderer: Senkrechte weiße und gelbe Felswände spiegeln sich leuchtend in dem dunkelgrünen Wasser, viele blühende Wasserpflanzen bedecken im Sommer gleich einem kostbaren Teppich weite Abschnitte des Flusses. Nach jeder Kehre

Charakter
Für Kanuwanderer ein reizvoller Ferienfluss, für alle Bootstypen und auch weniger erfahrene Kanufahrer geeignet. Abschnitt Donaueschingen bis Mühlheim nicht immer befahrbar. Zwischen Mühlheim und Beuron wurde ein ganzjähriges Befahrungsverbot erlassen. Ab Eisenbahnbrücke Beuron ganzjährige Befahrung mit allen Bootstypen möglich, gelegentlich kurze Treidelstellen nach Wehren oder wegen Verkrautung im Hochsommer. In Donaueschingen günstige Einsatzstelle beim Sportpark in den Quellfluss Breg. Die relativ vielen Wehre sind teilweise befahrbar oder gut umzutragen mit Ausnahme folgender: Ein paar hundert Meter nach der überdeckten Holzbrücke in Beuron wartet ein lebensgefährliches Spitzwehr; hier rechtzeitig nach Hinweistafeln anlegen und rechts umtragen. An der St.-Maurus-Kapelle die Boote links durch den Klostergarten umtragen. Am Laizer Wehr benutzt man die einzige Bootsrutsche der oberen Donau.
In Gutenstein ist das Wehr je nach Wasserstand befahrbar – bei wenig Wasser wird das Boot über die Wehrkrone gehoben. Der Bau einer Bootsgasse ist geplant. Umtragen etwa 400 Meter vor dem Wehr; gesamte Umtragestrecke dann etwa 1000 Meter – mit Bootswagen kein Problem.
Die drei nacheinander folgenden Wehre in Scheer umtragen (am zweiten Wehr links umtragen oder -fahren). Flussabwärts mehrere Schwallstrecken mit Steinbrocken im Flusslauf. Vor Riedlingen bietet sich die Möglichkeit, rechts in den Hochwasserkanal einzufahren, dadurch wird das Riedlinger Wehr umgangen. Zwischen Riedlingen und Zwiefaltendorf vom 1. 4. bis 31. 8. an Wochenenden und Feiertagen Paddelverbot. Bei Gamerschwang und Oberdischingen stark verlandete Stauseen – Vorsicht! An der niedrigen Eisenbahnbrücke bei Erbach links über den Bahnübergang umtragen. Pkw-Begleitung möglich.

Zeltmöglichkeiten
Campingplätze in Donaueschingen und am Riedsee bei Pfohren (allerdings nicht direkt am Fluss); idealer Campingplatz in Hausen im Tal; Mühle Dietfurt (Anfrage); Sigmaringen; Hundersingen; KC Munderkingen; Zeltplatz SG Öpfingen; Zeltwiese der Ulmer Kanufahrer rechts nach der Eisenbahnbrücke in Ulm.

Sehenswertes
Donaueschingen: Donauquelle, Fürstenresidenz, barocke Pfarrkirche.
Geisingen: Entenburg Pfohren, Kapelle.
Immendingen: Rathaus.
Mühlheim: Stadtmauer, Fachwerkhäuser, Galluskapelle.
Im Durchbruch: Kloster Beuron, Feste Wildenstein, Werenwag, Schloss Bronnen.

Sigmaringen: Schloss, Theater, Altstadt, Kirche in Scheer, Lorettokapelle.
Hundersingen: Keltische Festung Heuneburg.
Riedlingen: Altstadt mit Stadttoren, frühgotische Pfarrkirche, Kloster Heiligkreuztal.
Obermarchtal: Prämonstratenserkloster.
Ehingen: Ritterhaus, Ständehaus, Liebfrauenkirche.
Oberdischingen: Höfische Miniaturresidenz.
Ulm: Münster, Fischer- und Gerberviertel, Rathaus, Schwörhaus (u. v. a.).

Bootsverleih
Beuron, Riedlingen.

Auto nachholen
Auf der gesamten hier beschriebenen Strecke regelmäßige Bahnverbindungen. Zusätzliche Busverbindungen.

Karten, Literatur
Generalkarte 1 : 200 000 Blatt 22, 24; ADAC-Freizeitatlas Südliches Bayern 1 : 100 000
Topogr. Karte Baden-Württemberg 1 : 50 000
Blatt L 8116, L 8117, L 7918, L 7920, L 7922, L 7722, L 7724.
Kanuführer für Südwestdeutschland; Deutsches Flusswanderbuch; Kanuwanderführer für Bayern; Kanuführer Württemberg.

schieben sich steile Hänge wie Kulissen vorbei, und von oben blicken Ritterburgen in das enge Tal. Nicht einmal eine Straße hat hier Platz gefunden. Erst in der Mitte des Durchbruchs treten die Felswände auseinander, und an der entstandenen fruchtbaren Halbinsel bauten vor circa 800 Jahren Benediktinermönche das Kloster Beuron, das heute eine der kostbarsten Bibliotheken der Welt beherbergt. Doch das Tal verengt sich wieder, und Schleife um Schleife bezwingt der Fluss das harte Gestein. Erst nach dem Amalienfelsen werden die Hänge niedriger, verwandeln sich in grüne, bewaldete Kuppen, aus denen nur einzelne Felsen herausragen. Bei Laiz weitet sich das Tal. Am letzten Felsriegel bei Sigmaringen erhebt sich stolz über dem Gewässer das vieltürmige Hohenzollernschloss. Die Landschaft wird flacher, noch immer sehr ansprechend, geprägt durch die südlichen Ausläufer der Schwäbischen Alb, die sich mit ihren Keltenburgen bis zum Fluss erstrecken. Von weitem grüßt der heilige Berg Bussen, dessen Besteigung bei guten Sichtverhältnissen äußerst lohnend ist. An der ehemaligen vorderösterreichischen Stadt Riedlingen vorbei durchquert die Donau Wiesen und Auwälder und nimmt ihren Lauf durchs oberschwäbische Barockländle bis in die alte Reichsstadt Ulm, deren hoher Münsterturm dem Fluss auf den letzten Kilometern seine Richtung weist.

39 km

2-Tage-Fahrt

In einem sonnigen, zum Süden geöffneten Wiesental schlängelt die Lauchert ihr fast kristallklares, fischreiches Wasser, um es bei Sigmaringen mit der Donau zu vereinigen. Die Historiker nennen die Lauchert auch »Schwäbische Dordogne«, weil die mit großen Höhlen durchsetzten Felshänge bei Veringenstadt schon vor vielen tausend Jahren dem Neandertaler, einem der Urahnen des Menschengeschlechts, Schutz geboten haben. Als sich die riesigen Kontinentalgletscher am Ende der Eiszeit wieder zurückzogen, jagte hier der Urmensch mit seinen primitiven Waffen Mammuts und Wildpferde. Mehrere Höhlenquellen speisen die Lauchert so ausgiebig, dass wir im Frühjahr schon in Stetten unter der Burgruine Holstein unsere wendigen Einer-Kajaks einsetzen und auf lustig plätschernden Wellen zügig durch Wiesen und urwaldähnliche Weidenbestände davonziehen. An der Sägmühle fahren wir in den Kanal ein und setzen frühzeitig unser Kanu rechts in das Bachbett um. Dann legen wir im aufgestauten Badesee bei Mägerkingen an. Holzbänke mit Tischen laden zur Vesper ein. Die Stufe am Seeausgang rutschen wir hinunter, und flott geht es in kleinen Kehren am ehemaligen Mariaberger Schloss vorbei weiter nach Gammertingen. Am ersten Wehr tragen wir links vor dem Fabrikgelände um, das zweite können Geübte im Einer befahren. Zwei aufeinander folgende Sohlschwellen verlangen etwas Aufmerksamkeit, dann wird es wieder ruhiger. In einer weiten Linksschleife umfahren wir die große Fischzuchtstation, und bald begrüßt uns mit Zischen und angehobenen Flügeln der »Hettinger Schwan« Egon, ein Prachtexemplar seiner Art. Weit in die Stadt hinein begleitet er aufmerksam die Boote, um dann zu seinem Weibchen zurückzufliegen. Vor der niedrigen Brücke umtragen wir links bis unterhalb des unbefahrbaren Steilwehrs. Ab Ortsausgang von Hettingen ist die Lauchert auch für Zweier-Faltboote ganzjährig befahrbar. Das Tal wird jetzt enger, und die ersten Felsen kündigen Veringenstadt an. Da gibt es viel zu sehen, es lohnt sich, anzulanden, die Beine in Bewegung zu setzen und ein, zwei Stunden hier zu ver-

△ *Eine alte Mühle unterbricht unsere Lauchertfahrt.*

Anfahrt
Von Ulm B 311, B 32 über Sigmaringen;
oder A 8 Stuttgart–München, Ausfahrt Degerloch/Reutlingen, B 312, B 313 nach Gammertingen.

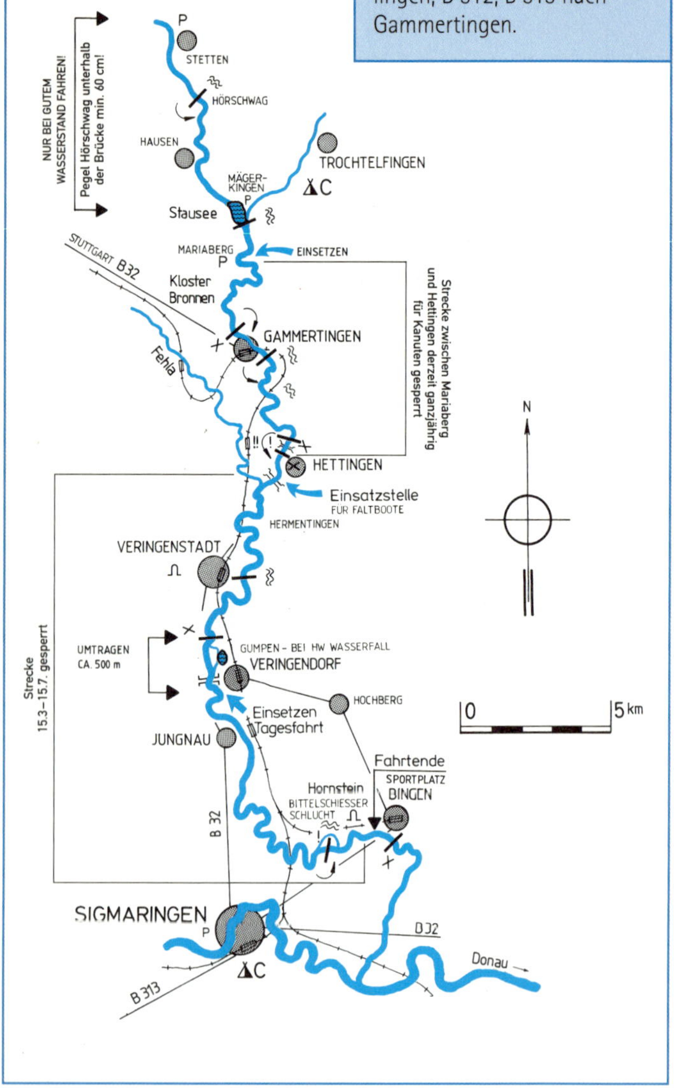

Im unteren Teil kann die Lauchert bei gutem Wasserstand auch von beladenen Kanadiern befahren werden.

Charakter
Der schönste schwäbische Wander-Kleinfluss mit sehr beständiger Wasserführung, ohne besondere fahrtechnische Schwierigkeiten. Wehre teilweise befahrbar, mühsame Umtragestelle in Veringendorf. In Hettingen Umtragestelle an zwei Wehren, wobei das zweite unbefahrbar ist. Starke Strömung, rechtzeitig anlegen! Von Stetten bis Mägerkingen bei gutem Wasserstand mit Einern befahrbar; ab Hettingen für alle Bootstypen geeignet. Sehr sauberes Wasser. Pkw-Begleitung teilweise möglich. Nur in kleinen Gruppen fahren!

Zeltmöglichkeiten
Camping Sigmaringen; im Laucherttal keine öffentliche Zeltplätze, doch mehrere schöne Rastplätze.

Sehenswertes
Quellenhöhle bei Hausen.
Hettingen: Schloss und spätgotische Kirche.
Veringenstadt: Neandertalbehausungen, Göpfelsteinhöhle, Pfarrkirche St. Nikolaus, Altstadt, Peterskapelle, Burgruine.
Veringendorf: Pfarrkirche St. Michael.
Jungnau: Burgruine.
Bingen: St.-Anna-Kapelle, Ruine Hornstein.

Auto nachholen
Zwischen Hettingen und Hanfertal regelmäßige Bahnverbindungen.

Karten, Literatur
Generalkarte 1 : 200 000 Blatt 21, Blatt 24; ADAC-Freizeitatlas Südliches Bayern 1 : 100 000; topogr. Karte Baden-Württemberg 1 : 50 000 Blatt L 7720, L 7920. Kanuführer für Südwestdeutschland; Kanuführer Württemberg.

bringen. Beim Hinüberrutschen über das kleine, zerfallene Wehr wird's nachher lustig. In Veringendorf erwartet uns eine lange Umtragestelle; vor dem Wehr legen wir links an und karren die Boote mit einem Bootswagen ca. 500 m weit bis zur Brücke unterhalb der Dorfkirche. Dabei Vorsicht, es wird die viel befahrene Bundesstraße überquert! Kurz nach der Brücke folgt ein kleiner Schwall mit Schrägströmung, die schon manchen Anfänger in die Uferbüsche trieb. Im folgenden einsamen Abschnitt locken schöne Badestellen zum Verweilen. Vor Bingen erreichen wir die Bittelschießer Schlucht. Hier gibt es eine Burg mit Kapelle und eine riesige Höhle zu bewundern. Am letzten Wehr tragen wir rechts um, denn den linken, befahrbaren Flussarm versperren oft angeschwemmte Bäume. Nach der angenehm schattigen Waldstrecke sehen wir bald am linken Ufer den Sportplatz von Bingen, wo unsere Wanderfahrt endet.

Wörnitz

93 km

4–5-Tage-Fahrt

Die über 120 km lange, am Eichelberg im Naturpark Frankenhöhe entspringende Wörnitz ist auf einer Strecke von mehr als 90 km mit Wanderbooten ohne Schwierigkeiten befahrbar. In unzähligen Kehren und Schleifen fließt sie in einem flachen, weit geöffneten Tal zwischen der Schwäbischen Alb und dem Fränkischen Jura und entwässert das gigantische Ries, einen vermutlich durch meteoritischen Einschlag entstandenen Rundkrater. Als ruhiges, langsames Wanderflüsschen berührt sie mehrere Städtchen, Burgen und Schlösser, um schließlich bei Donauwörth ihren Lauf mit der Donau zu vereinigen.

Noch bis weit in den Frühsommer können wir sie ab Dinkelsbühl befahren. Eine gute Einsatzstelle finden wir am Bootshaus des hiesigen Kanu-Clubs. Bald trägt uns die Strömung langsam ostwärts. Bis zur Mündung der Sulzach bei Wittelshofen bewältigen wir viele Flusskehren und tragen unsere Boote über fünf Wehre an alten Mühlen vorbei. Am Wehr in Gerolfingen legen wir eine längere Pause ein. Bei schönem Wetter lohnt es sich, die 300 Höhenmeter zum Hesselberg, einer alten Keltenfestung, hinaufzuwandern. Hier erwartet uns ein phantastischer Rundblick, der im Herbst manchmal bis zu den Alpen reicht. Nach der Rückkehr können wir in einer der beiden örtlichen Brauereien unseren Durst mit gutem Bier löschen. Über zwei weitere Wehre geht die ruhige Fahrt nach Wassertrüdingen, wo das Markgrafenschloss, eine ehemalige Wasserburg, unsere Aufmerksamkeit anzieht. Danach ist die Wörnitz fast ganzjährig befahrbar. Im Spätsommer ist sie teilweise verkrautet, doch eine Fahrrinne findet sich immer. Die Wörnitz macht hier in ihrem schlingenreichen Lauf einen Knick nach Süden und trägt unsere Kanus an der trutzigen, dreischiffigen romanischen Basilika des alten Benediktinerklosters Auhausen vorbei. Über weitere unzählige Mäander erreichen wir die Fürstenresidenzstadt Oettingen. Wir besichtigen die Stadt, deren Bild bis heute von der religiösen Zweiteilung der Einwohner geprägt ist. Am Marktplatz stehen die barocken Stuckputzbauten der

△ *In der Heroldinger Schleife an der Wörnitz.*

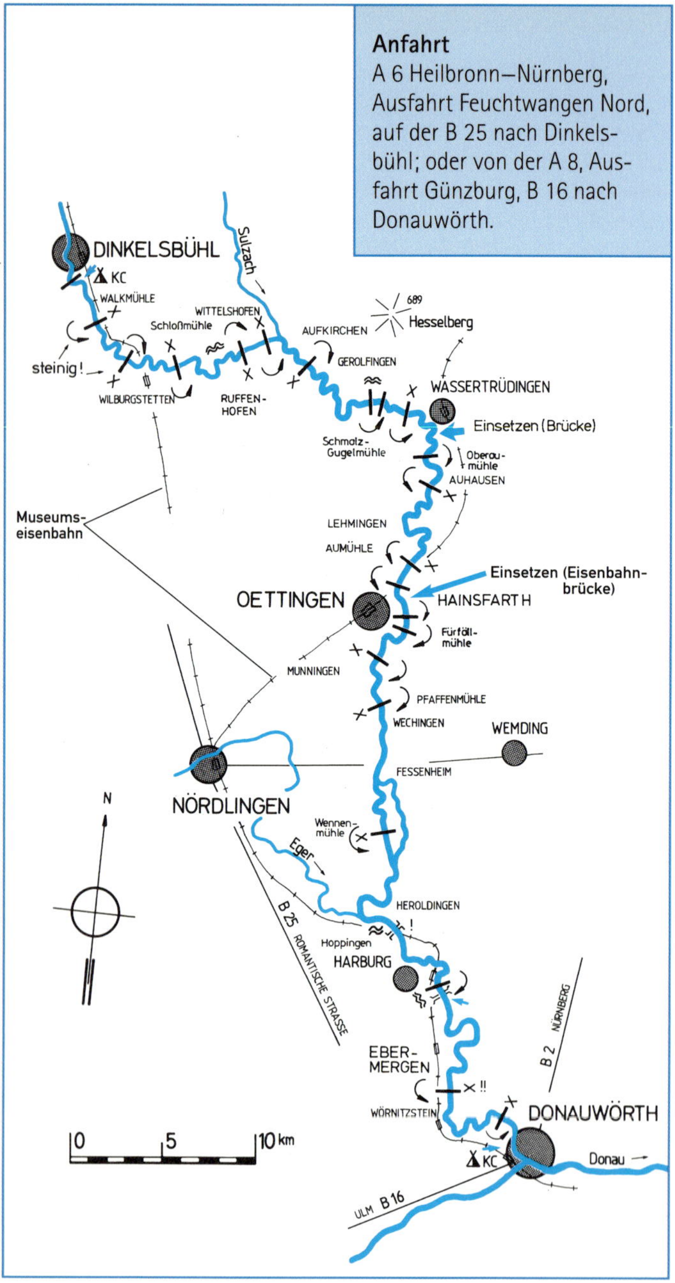

Anfahrt

A 6 Heilbronn–Nürnberg, Ausfahrt Feuchtwangen Nord, auf der B 25 nach Dinkelsbühl; oder von der A 8, Ausfahrt Günzburg, B 16 nach Donauwörth.

wohlhabenden katholischen Kaufleute mit ihren prächtigen Giebeln den schmucken, aber etwas strengen Fachwerkhäusern der überwiegend protestantischen Handwerker gegenüber. Vor der Weiterfahrt lohnt noch ein Aufstieg von der Wörnitzbrücke zum Hainsfarther Kirchenberg, dem Aussichtsbalkon der südlichen Frankenalb. Hier sehen wir, wie die bis dahin sich langsam schlängelnde Wörnitz ihren Lauf begradigt und sich in das Kalkgestein des Rieskraters eingräbt. Die Fahrt geht weiter durch den Riesboden, rechts von niedrigen Waldkuppen gesäumt. Auf den saftigen, feuchten Wiesen begleiten uns Kiebitze, und sogar ein Storch schreitet am Wörnitzufer entlang. Bei Fessenheim teilt sich der Fluss; wir bleiben rechts. Hinter der Wennenmühle, die wir mit Booten links umgehen, fehlt unter dem Wehr manchmal Wasser. Die kleine Treidelstelle nehmen wir als Abwechslung in Kauf. Die Boote gleiten nun durch die Heroldinger Schleife, Felskuppen treten näher. Im weiten Bogen nimmt hier die Wörnitz Anlauf, um in flotter Strömung den südlichen Rand des Rieskraters durchzusägen. Das Tal wird enger und ro-

Hoch über dem Fluss thront die stolze Harburg.

mantischer. Überraschend und majestätisch zieht rechts hoch am Fels der stolze Sitz der Fürsten von Oettingen-Wallerstein-Harburg an uns vorbei. Nach einer ausholenden Rechtsschleife landen wir an der siebenbogigen Steinbrücke im winzigen Städtchen Harburg. An der Brücke angeklebt steht noch die alte Bruckmühle, deren Wehr wir links umgehen. Wir legen Rast ein, um die gut erhaltene Burg mit Museum und Bibliothek zu besichten. Am Ende des Parkplatzes setzen wir die Kanus wieder ins Wasser und treiben durch das bewaldete Tal. An der Schlossruine Wörnitzstein vorbei zeigen sich im Süden die hochragenden Türme der Pfarr- und Heiligkreuzkirche, die Wahrzeichen der alten Reichsstadt Donauwörth. Das letzte Wehr umtragen wir rechts, und unser Ziel, die Wiese des Kanu-Clubs am Bootshaus, ist erreicht.

Nach dem Trocknen, Aufladen der Boote und gutem Essen in einem der vielen Wirtshäuser können wir noch die sehenswerte alte Reichsstadt bewundern.

Charakter

Langsamer Wanderfluss; trotz der vielen Wehre, die zwar nicht befahrbar, aber überwiegend leicht zu umtragen sind, auch für Anfänger geeignet. Wasser mäßig sauber. Im Frühjahr ab Dinkelsbühl, im Sommer ab Wassertrüdingen oder Oettingen gut befahrbar. Ab hier landschaftlich sehr abwechslungsreich. Pkw-Begleitung möglich. Bei HW nicht befahren, Lebensgefahr an Wehren!

Zeltmöglichkeiten

Campingplatz Dinkelsbühl; auf Anfrage beim Kanu-Club Donauwörth; Zelten neben kleinen Sportplätzen in Heroldingen, Munningen.

Sehenswertes

Dinkelsbühl: Altstadtkern, Deutsches Haus, Spitalkirche, Rathaus, Ringmauer mit Toren, Kinderzeche, im Sommer Freilichtspiele.

Oettingen: Residenz mit Schlosspark und Orangerie, Pestsäule, Marktplatz, Pfarr- und Stadtkirche, Storchennest.

Harburg: Burganlage mit Folterverliesen, Museum, Bibliothek, alte Steinbrücke.

Donauwörth: Alte Reichsstadt, Pfarrkirche mit der schwersten Glocke Schwabens (Pummerin), Tanzhaus, Rathaus, Marktplatz, Färbertörl.

Auto nachholen

Zwischen Dinkelsbühl und Donauwörth keine regelmäßigen Bahnverbindungen.

Karten, Literatur

Generalkarte 1 : 200 000 Blatt 19; ADAC-Freizeitatlas Südliches Bayern 1 : 100 000. Kanuführer für Südwestdeutschland; Kanuwanderführer für Bayern.

Altmühl 4

120 km

Ferienfahrt

Die Altmühl ist ein ruhiger, gemächlich fließender Wanderfluss. Man sagt ihr sogar nach, der langsamste aller bayerischen Flüsse zu sein. Doch dank ihrer besonderen landschaftlichen Schönheiten wird die Altmühl als »Pilgerfluss« aller deutschen Kanufahrer angesehen. Von ihrer Quelle am Nordrand der Frankenhöhe durchfließt sie in vielen kleinen, im Sommer verkrauteten Flussschlingen eine fruchtbare Feld- und Wiesenlandschaft, um zwischen Ornbau und Gunzenhausen das Fränkische Seenland zu berühren. Hier entstanden durch Aufstauen des Altmühlwassers und dessen Umleitung in den Main-Donau-Kanal über 2000 ha neuer Wasserfläche: ein Eldorado für Wassersportler sowie auch für die Vogelwelt – mehrere hundert Hektar sind als Naturschutzgebiete ausgewiesen. Trotz dieser landschaftlichen Umgestaltungen hat die Altmühl im beschriebenen Abschnitt ihren verträumten Charakter behalten.

Wem eine Flussbegradigung bis Treuchtlingen nichts ausmacht, der setzt im Frühling sein Kanu am Gunzenhausener Volksfestplatz ins Wasser. Rechts unterhalb des Wehrs findet sich eine brauchbare Stelle zum Einbooten. Von schreienden Kiebitzen verfolgt, der brennenden Sonne entgegen, fährt er den schilfumsäumten Fluss fast ohne Hindernisse hinunter. Das flache Land und die Nähe der nach Norden fließenden Rezat bewegte schon vor 1200 Jahren Karl den Großen zum Bau eines Verbindungskanals zwischen den Wassersystemen von Donau und Main. Übrig geblieben vom gescheiterten Versuch ist der Karlsgraben, »Fossa Carolina«, den wir bei Bubenheim, in der Ortschaft Graben, finden. 1000 Jahre später ist die Verbindung doch gelungen; der schmale Ludwig-Donau-Main-Kanal fügt sich heute restlos in das Landschaftsbild ein. Bei Treuchtlingen ändert sich schnell die Umgebung des Flusses. Das Tal verengt sich, hier beginnt der lohnendste Flussabschnitt. Das Wehr am Städtischen Freibad ist überwiegend offen. Und so fahren wir ungehindert mit den Kanus in das cañonartige Tal hinein. Eine ganze Reihe von Sehenswürdigkeiten zieht sich wie eine Perlenkette am Fluss ent-

△ *Manches spritzige Wehr können Geübte auf der Altmühl befahren.*

Landschaftlicher Höhepunkt einer Altmühlfahrt sind die Felstürme »Zwölf Apostel«.

lang: das kleine Burgstädtchen Pappenheim, Solnhofen mit seinen weltberühmten Steinbrüchen und dem Fossilien-Museum, die Felsenformation der Zwölf Apostel, das südlich anmutende Dollnstein und die bischöfliche Residenzstadt Eichstätt als kultureller Mittelpunkt des Tales. Aber auch weiter flussabwärts reißt die Kette der seltenen Landschaftsbilder nicht ab. Wacholderheiden oberhalb der alten Pfünzer Steinbrücke wetteifern mit leuchtend weißen Kalktürmen und grünen Mischwaldbeständen. Bei der hochragenden Burg Kipfenberg kreuzt der römische Limes mit seinen wiederaufgebauten Türmen und Kastellen das Altmühltal. Wir unterqueren die breite Autobahnbrücke der A 9 und besuchen linksufrig vom Camping Kratzmühle das Erholungszentrum am ehemaligen Baggersee. Kurz darauf leuchtet vor uns oben am Berg das Schloss Hirschberg und signalisiert die Nähe von Beilngries. Die engen Gassen der gut erhaltenen Altstadt locken zum Besuch. Bei Dietfurt begegnen wir erstmals einer mächtigen Schiffshebeanlage des so umstrittenen Main-Donau-Kanals. Unsere Wanderfahrt beenden wir schließlich an der Wallfahrtskirche in Griesstetten. Der nun folgende Unterlauf wurde nach und nach bis zur Mündung in die Donau verbaut; ein breites Kanalbett, unterbrochen von riesigen Schleusenanlagen, prägt das neue, für uns nur schwer zu akzeptierende Flussbild der vorher so lieblich dahinfließenden Altmühl.

Anfahrt
A 9 München–Nürnberg, Ausfahrt Altmühltal;
A 6 Heilbronn–Nürnberg, Ausfahrt Ansbach, auf der B 13 nach Gunzenhausen.

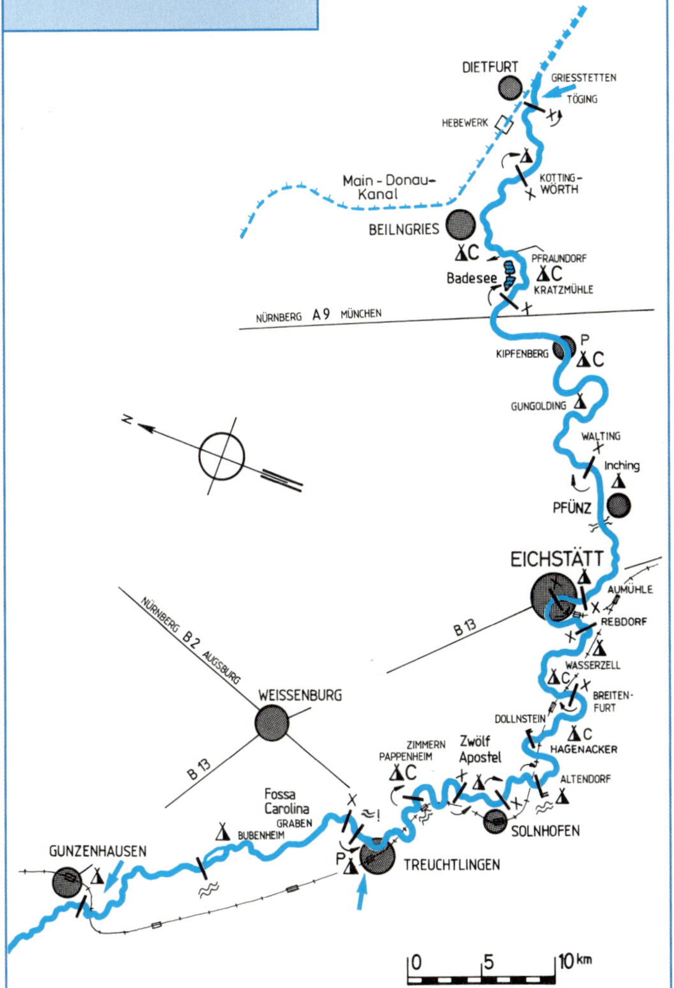

Charakter
Trotz Verbauung im Ober- und Unterlauf bleibt die Altmühl der ideale Fluss für beschauliche Wanderfahrten. Langsam fließendes Zahmwasser erlaubt auch wenig erfahrenen Anfängern das ganzjährige Befahren mit allen Bootstypen. Das Wasser ist mäßig sauber. Es wurde ein großer Teil der Altmühl als offizielle Flusswanderstrecke ausgebaut; von den Gemeinden wurden an den Wehranlagen Bootsumsetzstellen mit Treppen errichtet und etliche Rastplätze mit Zeltmöglichkeiten angelegt. Hiermit werden die Wanderfahrer gebeten, durch ihr vorbildliches Verhalten diese einmaligen Bemühungen zu würdigen und dadurch auch zum guten Ruf des Kanusports beizutragen. Lohnendster Flussabschnitt: Treuchtlingen–Beilngries. Am Altmühlsee (NSG) ist die Durchfahrt im alten Gewässerverlauf erlaubt. Pkw-Begleitung durchgehend möglich.

Zeltmöglichkeiten
Im Naturpark Altmühltal ist Zelten nur auf dafür ausgewiesenen Plätzen erlaubt; doch es sind genügend Bootsrastplätze mit Zeltmöglichkeiten vorhanden – siehe Flusskarte. Schöne Campingplätze in Pappenheim, Dollnstein, Breitenfurt, Kipfenberg, an der Kratzmühle und in Beilngries.

Bootsverleih
Gunzenhausen, Treuchtlingen, Pappenheim, Dollnstein, Eichstätt, Kipfenberg, Kinding, Beilngries, Dietfurt-Töging.

Auto nachholen
Zwischen Gunzenhausen und Eichstätt gute Bahnverbindung; zwischen Eichstätt und Dietfurt kein akzeptabler Nahverkehr.

Sehenswertes
Herrieden: Bergkirche, Kirche St. Veit
Gunzenhausen: Stadtkirche, Färberturm, Schloss, Marktplatz, Blasturm.
Treuchtlingen: Stadtschloss, Heldenfriedhof am Nagelberg, Fossa Carolina.
Pappenheim: Burgruine, Schloss, Augustinerkloster, Galluskirche.
Solnhofen: Fossilien-Museum, Sola-Basilika, Zwölf-Apostel-Felsen bei Eslingen.
Eichstätt: Residenz, Willibaldsburg, Jura-Museum, Dom, Kloster mit Kreuzgang, barocke Häuser u. v. a.
Pfünz: Alte Steinbrücke, Römerkastell.
Kipfenberg: Burg, Limes.
Kinding: Wehrkirche.
Beilngries: Benediktinerkloster Plankstetten, Rokokoschloss Hirschberg.

Karten, Literatur
Generalkarte 1 : 200 000 Blatt 19, Blatt 20; ADAC-Freizeitatlas Südliches Bayern 1 : 100 000.

Im Frühling lockt die Altmühl mit prächtig blühenden Bäumen und Blumen.

40 km

2-Tage-Fahrt

Fast 800 Jahre diente die ruhig fließende Vils der Amberger Schifffahrt, bis diese im Jahre 1826 wegen des Niedergangs der Oberpfälzer Eisenindustrie eingestellt wurde. Zurück am Flüsschen blieben mehrere Wehre mit teilweise befahrbaren Floßgassen und ein stilles, selten schönes Tal. Überwiegend eng und steilwandig ist dieses Tal, dessen Hänge mit Wacholderbüschen und Mischwald bewachsen sind und die im frühen Sommer die Farbenprächtigkeit der Steppenheide einer Juralandschaft zeigen. Weiden, Erlen und ein Schilfgürtel säumen die stillen Ufer der dunkelgrünen Vils, die nach ihrem ruhigen Lauf bei Kallmünz in die Naab mündet. Zur Befahrung setzen wir die Boote im Stadtpark von Amberg, nach dem Fußgängersteg, in den Fluss ein. Am großen Parkplatz bleiben die Autos zurück. Es lohnt sich, am Fluss ein paar hundert Meter stromaufwärts zu paddeln, durch die Stadtbrille – die sich im Wasser spiegelnden zwei Torbogen der Wehrmauer – zu fahren und die eindrucksvolle Stadtkulisse vom Wasser aus anzuschauen. Nach der Besichtigung lassen wir die Boote stromabwärts treiben. Bald schließt sich der weiten Amberger Ebene ein richtiges Tal an. Hoch über dem Fluss spannt sich die schlanke Betonbrücke der A 6. Über zwei Wehre, die wir umgehen, gelangen wir nach Theuern, wo es ein Bergbaumuseum gibt. In der Sonne glitzernd, trägt uns die Vils in leichten Bögen an kleinen oberpfälzischen Dörfern vorüber.

Unzählige kleine Ereignisse fügen sich auf zauberhafte Art während einer solchen Kanureise aneinander. Mit den Windungen des Flusses dahinzuziehen ist ein ganz eigenartiges und faszinierendes Vergnügen. Jeden Augenblick geschieht etwas Neues oder Aufregendes. Hier fliegt ein Kranich hoch, dort flattert eine Ente, ein diamantener Eisvogel flitzt vorbei, eine Forelle springt blitzend neben dem Boot hoch, das Rauschen des Wassers kündet ein Wehr hinter der nächsten Biegung an. Dazu die Landschaft, die Menschen, das Wetter und der feste Entschluss, mit allen Schwierigkeiten fertig zu werden. Alles verwandelt sich in weiche, gleitende Bewegungen, verträumte Bilder und ferne Laute.

△ *Leise gleitet der Kanadier im ruhigen Wasser auf der Vils dahin.*

Anfahrt
Über A 3 Nürnberg–Regensburg, Ausfahrt Oberfraundorf, nach Kallmünz;
oder A 6 Nürnberg–Amberg.

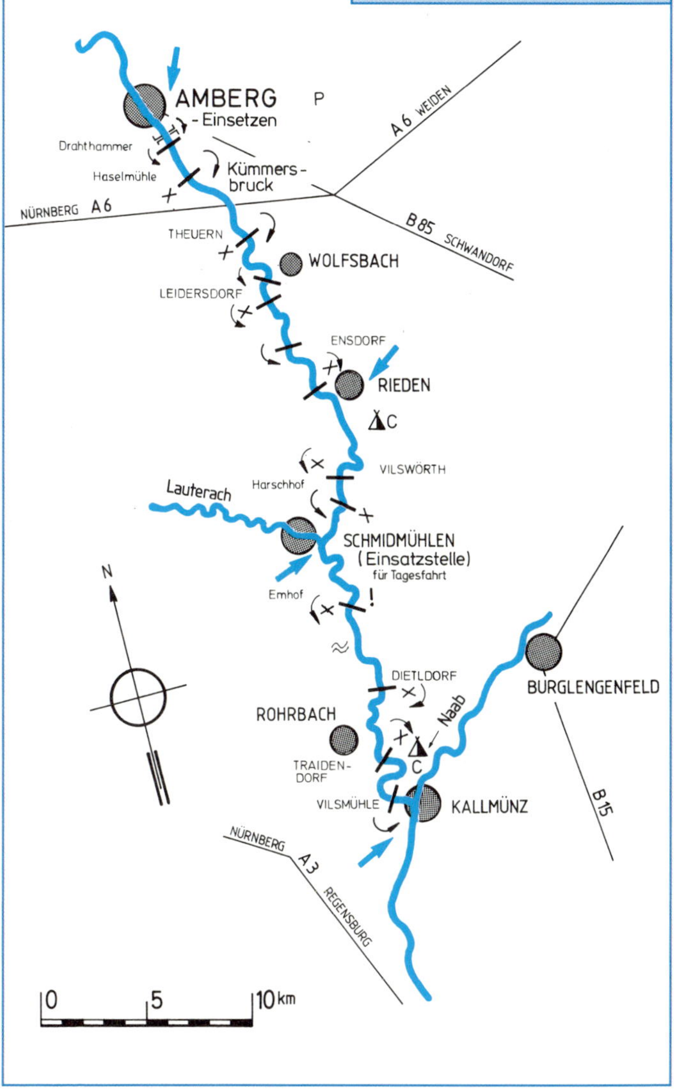

Ohne Unruhe, ohne Staub, Lärm oder Schreck. Immer scheinen es die Dinge zu sein, die sich bewegen, und nicht wir. Fast in jedem Ort kann man ein sehenswertes barockes Baudenkmal – Schloss, Kirche oder Kloster – bewundern. In Rieden, ungefähr auf der Hälfte der Wanderstrecke, können wir auf dem Campingplatz übernachten. Am nächsten Tag paddeln wir an Schmidmühlen, einem gemütlichen Marktflecken mit drei Schlössern, vorbei. Das Emhofer Wehr bietet uns beim Umtragen leichte Schwierigkeiten. Doch nachher geht die Fahrt im flotten Tempo durch kleine Schwalle an Dietldorf vorbei und unter der Rohrbacher Brücke weiter zur Mündung. Leuchtend weiß steht die Kapelle am Ufer, und links am steilen Jurafelsrücken schaut die trutzige Burgruine von Kallmünz hinunter ins Tal. Das Vilsmühlenwehr umgehen wir, rechts hinter der Brücke finden wir einen guten Platz zum Aussetzen der Boote.

Charakter
Ruhiges Wanderflüsschen mit sehr sauberem Wasser. Außer einem sind alle Wehre leicht umzutragen. Der konstante Wasserstand erlaubt eine ganzjährige Befahrung ab Amberg mit allen Bootstypen; auch für Anfänger gut geeignet. Landschaftlich ein sehr abwechslungsreiches und reizvolles Tal. Viele kulturelle Sehenswürdigkeiten. Zu beachten: Zwischen Schmidmühlen und Rohrbach liegt flussabwärts rechts ein Truppenübungsgelände! Pkw-Begleitung möglich. Nur in kleinen Gruppen fahren!

Zeltmöglichkeiten
Campingplatz an der Vils in Rieden; Zeltplatz in Kallmünz an der Naab.

Sehenswertes
Amberg: Altes Stadtbild, viele Kirchen, Stadtbrille, Rathaus, Alte Münze, Kurfürstliches Schloss, Heimatmuseum, Tore, überdachte Holzbrücken.
Theuern: Bergbau- und Industriemuseum.
Ensdorf: Benediktinerkloster, Stiftskapelle mit Sarkophag.
Schmidmühlen: Geburtsort des Bildhauers Erasmus Grasser (15. Jh.), Wallfahrtskirche, drei Schlösser.
Emhof: Romanische Pfarrkirche.
Dietldorf: Barockschloss und Kirche.
Kallmünz: Burgruine, Rathaus, Pfarrkirche, alte Steinbrücke.

Auto nachholen
Zwischen Amberg und Kallmünz regelmäßiger Nahverkehr mit Bahn und Bus.

Karten, Literatur
Generalkarte 1 : 200 000 Blatt 17, 20; ADAC-Freizeitatlas Nördliches Bayern 1 : 100 000, Kanuwanderführer für Bayern. Kanuführer für Südwestdeutschland.

103 km

Ferienfahrt

Eigentlich wissen wir nicht genau, welche Länge der Naab zuzuschreiben ist, doch mit dem längsten ihrer drei Quellflüsse, der Waldnaab, sind es fast 190 km. Alle drei bieten gut befahrbares mittelschweres Wildwasser, besonders die Waldnaab zeigt reizvolle Abschnitte. Als Wanderfluss ist die Naab erst ab Oberwildenau einzuordnen. Hier, ein paar Kilometer südlich von Weiden, wo sich Heidenaab und Waldnaab vereinigen, ist ein guter Einsatzpunkt für eine Wanderstrecke, die uns nach ca. 100 km beschaulicher Kanufahrt in die Donau führt. In weit ausholenden Schleifen und Flusswindungen schaukeln die Boote durch die Oberpfälzer Ebene, an einsamen Orten, sehenswerten Burgruinen und Schlösschen vorüber. Die Flusslandschaft ist noch weitgehend erhalten; feuchte Wiesen und ausgedehnte Teichanlagen locken die sonst so raren Störche, Fischreiher und Kiebitze an. Nur die Autobahn A 93 zerschneidet diese Idylle, doch vom Fluss aus wirkt sie nicht störend. In den früheren Jahrhunderten war die Naab von Regensburg bis Weiden schiffbar; die vielen Wehre mit Floßgassen sind als stumme Zeugen übrig geblieben. Sie zerfallen langsam und können fast alle ohne Schwierigkeiten überwunden werden. Bei Schwandorf passieren wir das monumentale Dampfkraftwerk Dachelhofen, das sich in dieser flachen Feld- und Wiesenlandschaft recht störend ausnimmt, doch bald verschwindet diese Zivilisationsnarbe hinter unseren Rücken. Nach unzähligen Flusskehren erreichen wir Burglengenfeld, einen alten Marktort, überragt von der mächtigen, auf einem Schwammkalkfels aufgebauten Burg. Die Naab durchbricht hier auf ihrem weiteren Weg das Juragebirge, und aus der flachen Senke wird ein romantisches Flusstal. Das Landschaftsbild ändert sich, die ersten Steilhänge treten an die Ufer heran. Rechts zieht der lange Rücken des Kallmünzer Schlossbergs mit seinen Felsgruppen und Wacholdersäulen vorbei. Wir nehmen uns Zeit, steigen nach dem Wehr in Kallmünz aus den Booten und laufen die paar Serpentinen des steinigen Pfades zur Burgruine hinauf. Ein herrlicher

△ *Das Kloster Pielenhofen leuchtet mit seiner breiten Gebäudefront dominierend über der Naab.*

Anfahrt
A 93 Regensburg–Weiden; oder von Bayreuth auf der B 22 über Kemnath nach Weiden.

Ausblick ins Naab- und Vilstal ist eine erste Belohnung; die zweite holen wir uns, wieder unten angelangt, in einem der gemütlichen Wirtshäuser. Am Wehr in Heitzenhofen fahren wir in den rechten Kanal, der teilweise durch Büsche verdeckt ist. Von hier setzen wir leicht nach links um. Ein paar Kilometer flussabwärts erwartet uns noch eine Perle des Naabtales, Kloster Pielenhofen, das mit seiner mächtigen Gebäudefront dominierend über dem Wasser emporragt. Nicht weit von hier liegt am Fluss der Campingplatz von Distelhausen, ein ausgezeichneter Ausgangspunkt für Kanuwanderungen

Nabburg, ein nettes mittelalterliches Städtchen, lädt uns zu einer Besichtigung ein.

Charakter
Ein ruhiger, ganzjährig befahrbarer Wanderfluss mit ziemlich sauberem Wasser; empfehlenswert auch für Anfänger. Keine sporttechnischen Schwierigkeiten. Im oberen Teil bis Nabburg teilweise sehr gute Strömung, schöne Badeplätze. Für sämtliche Bootstypen geeignet. Fast alle Wehre sind problemlos zu umtragen, mit Einern teilweise befahrbar. Vorsicht bei Wehren in Schwarzenfeld und Fronberg; hier rechtzeitig landen, bei höherem Wasserstand Sog! Pkw-Begleitung durchgehend möglich, jedoch im Abschnitt oberhalb Kallmünz nur gelegentliche Kontaktmöglichkeiten. NSG Eichenberg-Inseln nicht betreten!

Zeltmöglichkeiten
Weiden (KC); Nabburg (Paddlerclub e. V.); Schwandorf (TSV, Zeltwiese); Kallmünz; Camping Distelhausen; Penk (Zeltwiese); Regensburg, am Fluss schöne einsame Plätze.

Sehenswertes
Weiden: Alter Straßenmarkt, Renaissancehäuser.
Perschen: Bauernhausmuseum.
Nabburg: Mittelalterliches Städtchen, Pfarrkirche, Rathaus, Tore.
Fronberg: Schloss mit Kapelle.
Schwandorf: Historischer Marktplatz, Wallfahrtskirche am Kreuzberg.
Ettmannsdorf: Romanische Kirche (13. Jh.), Schloss.
Münchshofen: Renaissanceschloss.
Burglengenfeld: Gut erhaltene Altstadt, Burgruine, Schloss.
Kallmünz: Burgruine, Kirche, Rathaus, steinerne Naabbrücke.
Pielenhofen: Klosteranlagen (12. Jh.).

Auto nachholen
Zwischen Weiden und Regensburg regelmäßige Bahnverbindungen.

Karten, Literatur
Generalkarte 1 : 200 000 Blatt 17, 20; ADAC-Freizeitatlas Nördliches Bayern 1 : 100 000.
Kanuwanderführer für Bayern; Deutsches Flusswanderbuch.
Wassersport-Wanderkarte Nr. 4 – Naab 1 : 100 000 Verlag Jübermann

auf Naab, Vils, Lauterach und Regen. In Penk, einem viel besuchten Ausflugsort, wo die Regensburger Kanuten eine Zeltwiese besitzen, können wir unsere Tour beenden. Bei unser Weiterfahrt nach Regensburg macht sich ab Etterzhausen der Rückstau des Donaukraftwerks Regensburg bemerkbar. Entschädigt werden wir dafür an der Bootsgasse des Wehres, wo die Boote mit rasanter Geschwindigkeit das Unterwasser erreichen. Nach 1 km am Bootshaus der Regensburger Turnerschaft angelangt, haben wir unser Ziel erreicht.

1.: Kritzenast – Stausee Eixendorf
2.: Neunburg v. Wald – Pegel Warnbach

Schwarzach 7

25 und 30 km

2 Tagesfahrten

Ihre beiden Quellflüsse, die bayerische und die böhmische Schwarzach, die bei Waldmünchen zu kleinen Stauseen mit den klangvollen Namen Silbersee und Perlsee aufgestaut werden, vereinigen sich unterhalb der winzigen Ortschaft Kritzenast zur Schwarzach. Diese ist ab hier für Wildwasserfahrer oder erfahrene Wanderfahrer mit Einerbooten befahrbar. In hunderten von kleinen Kehren und Schleifen mäandert sie in einem Wiesental und fließt durch das oberpfälzische Städtchen Rötz. Bald stellt sich dem Flüsschen der harte Neunburger Granitriegel in den Weg. Eine enge, tiefe Waldschlucht sägte die Schwarzach in das grobblockige Gestein, und in der Wutzenschleife entstand eine wilde Flusslandschaft mit bizarren Felsformationen. Welch ein Vergnügen, auf den hüpfenden Wellen dieses spritzigen Flusses unterwegs zu sein. Gegen Mittag finden wir ein sonniges, malerisches und einsames Fleckchen, um eine Rast einzulegen. Die mitgebrachte Decke wird ausgebreitet, die reichhaltige Brotzeit eingenommen. Dann liegen wir faul in der Sonne, erzählen, dösen und lauschen den Geräuschen der Natur. Die Vögel zwitschern ihr Lied, Insekten summen, der Wind spielt eine Melodie in den Bäumen. Die Schwarzach gluckst vor sich hin, als freue sie sich über den heutigen Besuch der Kanuten. Vielleicht möchte sie einen kleinen Plausch mit uns beginnen? Was mag uns dieser zauberhafte Fluss nur alles erzählen? Wie erlebt er die Jahreszeiten, wie die Hoch- und Niedrigwasser im Laufe der Monate? An einem schönen Tag und in diesen Momenten fühlen wir uns dem Paradies ganz nahe. Aber nun sind wir ausgeruht, wieder voller Tatendrang und neugierig auf die vor uns liegende Flussstrecke mit all ihren kleinen Überraschungen. In spritzigen Schwallen steuern wir die Boote an Felsblöcken vorbei und erreichen das ruhige Wasser des vor ein paar Jahren errichteten Stausees, der die dunklen Gewässer der Schwarzach in einen langen Badesee verwandelte. Hier tummeln sich Surfer und Segler. Für uns Kanufahrer endet an der Staumauer die erste Etappe. Der Rest

△ *In der Wutzenschleife, unterhalb Rötz, haben Pfadfinder ihr Ferienlager aufgeschlagen.*

Anfahrt
A 93 Regensburg–Weiden, Ausfahrt Schwarzenfeld nach Neunburg.

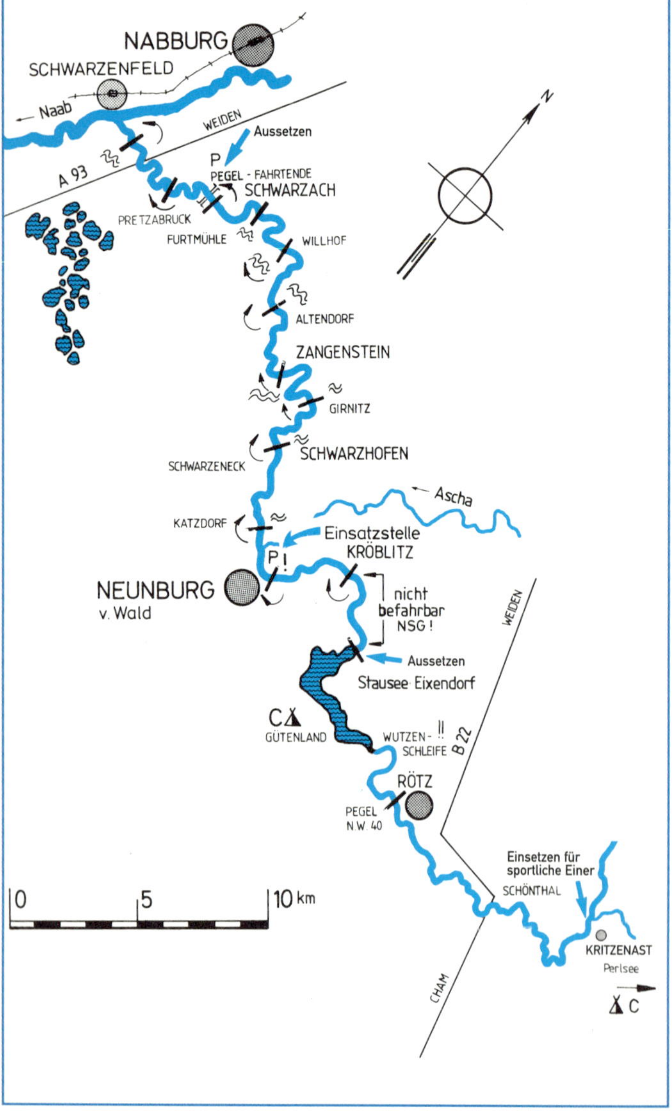

der Schwarzachschlucht ist unterhalb des Sees leider nicht befahrbar; Mühlen entziehen fast das ganze Wasser.

Erst bei Kröblitz weitet sich das Tal. Das abgeleitete Wasser kommt zurück, so dass wir bei Neunburg v. Wald die Wander-Zweier einsetzen können. In einer hügeligen Landschaft, wo mitunter bewaldete Hänge bis an die Ufer treten, schlängelt sich die Schwarzach in mäßiger Strömung an kleinen Orten vorbei. Die alte Pfalzgrafenstadt Neunburg mit ihren mächtigen Türmen und Stadtmauern bleibt eine Ausnahme. In Schwarzhofen bewundern wir das große Storchennest am Kirchturm, und von der Burgruine in Zangenstein, deren Schlüssel wir im Wirtshaus erhalten, bietet sich ein weiter Blick in das einsame Tal. An der malerischen kleinen Friedhofskirche in Schwarzach vorbeipaddelnd, lassen wir den Fluss unsere Boote durch die letzten Kehren tragen und beenden kurz nach dem schlossartigen Gebäude der Furtmühle am Pegel bei Schwarzach/Warnbach unsere Fahrt. Die kleine Wiese am Flusspegelhäuschen vor der Straßenbrücke bietet sich als ideale Abbaustelle an. Am Parkplatz daneben können wir auch unsere Autos abstellen.

Charakter

Sehr stark mäandernder Wiesenfluss mit vielen, teilweise befahrbaren und überwiegend leicht zu umtragenden Wehren. Die einzigartige Waldschluchtstrecke unterhalb Rötz in der Wutzenschleife verlangt eine gute Bootsführung. Für Zweierboote und weniger erfahrene Wanderfahrer gute Einsatzstelle in Neunburg v. Wald am Freibad, ab hier als Tagesfahrt bis Pegel Warnbach zu empfehlen. Wasser sauber. Pegel bei Schwarzach min. 0,90 m. Pkw-Begleitung möglich. Nur in kleinen Gruppen fahren!

Zeltmöglichkeiten

Camping am Perlsee bei Waldmünchen; Eixendorfer See – Gütenland; viele preisgünstige Übernachtungsmöglichkeiten.

Sehenswertes

Waldmünchen: Alte Grenzstadt, Marktplatz, Schloss, im Juli Festspiele.

Rötz: Barocke St.-Salvator-Kirche.

Neunburg v. Wald: Schildenturm, gotisches Rathaus, Schloss.

Schwarzhofen: Störche, Marktplatz.

Zangenstein: Burgruine.

Schwarzach: Kapelle am Friedhof.

Auto nachholen

Zwischen Neunburg und Schwarzach regelmäßige Busverbindung.

Karten, Literatur

Generalkarte 1 : 200 000 Blatt 17; ADAC-Freizeitatlas Nördliches Bayern 1 : 100 000; KOMPASS-Wanderkarte 1 : 50 000 Blatt 194. Kanuwanderführer für Bayern.

156 km

Ferienfahrt

Der Regen ist ein fast idealer Ferienwanderfluss. Für seine Befahrung sollte man sich viel Zeit lassen, um das saubere Wasser, die abwechslungsreiche Landschaft und das gute Bier der anliegenden Gasthöfe zu genießen. Die schönste Zeit für diese Flusswanderung ist der Sommer; da vermischt sich der intensive Duft der schon gemähten Wiesen mit dem Harzgeruch der dunklen Fichten- und Tannenwälder, die den Fluss kilometerweit säumen.

Der erfahrene Kanute setzt bereits im Städtchen Regen sein Boot ins Wasser ein, um die Fahrt durch das noch ursprüngliche Tal des Schwarzen Regen auszukosten. Zweier mit Gepäck starten nur bei gutem Wasserstand. Mit schäumenden Wellen windet sich der Fluss zwischen den Felsen des Bärenlochs und verlangt sichere Bootsführung. Über 30 km sind es bis nach Viechtach; außer der Papierfabrik in Teisnach und Gumpenried treten keine Siedlungen an den Fluss. Doch diese zwei Stellen schmälern etwas den Genuss von »Klein Kanada«: An beiden Wehren muss man die schwer beladenen Kanus ca. 500 m umtragen. Ein mitgeführter Bootswagen erspart dabei viel Mühe. Ab Viechtach beruhigt sich der bisher sehr schnell laufende Fluss; er wird hier zum Höllensteiner und anschließend zum Blaibacher See aufgestaut. Vor uns liegen 8 km ruhiges Wasser und zwei Umtragestellen. Auch hier leistet der Bootswagen gute Dienste. Oberhalb Pulling vereinigt sich der Schwarze Regen mit dem vom Arber fließenden Weißen Regen. Dem Anfänger wird empfohlen, erst am Parkplatz unterhalb der Blaibacher Staumauer, wo auch der neue Regen-Bootswanderweg beginnt, sein Kanu ins Wasser zu setzen. Wir paddeln durch ein freundliches Tal an Blaibach und Miltach vorüber. Es folgen ein Felslabyrinth (Urleiten) und mehrere leichte Schwalle. Danach schließt sich ein ruhiger Abschnitt an. Die früher ungefährliche Floßgasse in Chamerau bleibt nur Wildwasserexperten vorbehalten (Walze mit Rücksog!); der Wanderer zieht das Kanu über die Wehrkrone oder trägt das Boot linksufrig bis unter die Brücke um (ca. 200 m). Nach Chamerau

△ *»Klein-Kanada« im Tal des Schwarzen Regen. Wie Trapper im Kanu unterwegs.*

Anfahrt
B 16 Regensburg–Roding, ab hier die B 85 nach Regen; oder B 85 Passau–Regen.

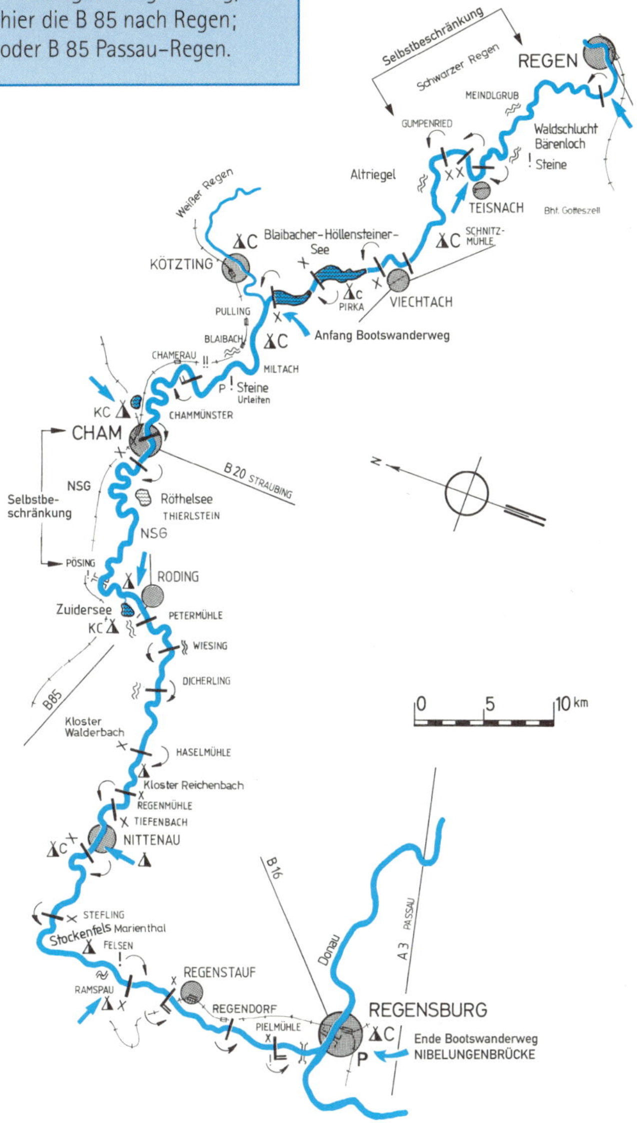

Dunkle Fichtenforste des Bayerischen Waldes umsäumen das glitzernde Wasser des Regen.

verlässt der Fluss das enge Tal und mäandert langsam durch die breite Further Senke Cham entgegen. Vor uns tauchen die Türme der St.-Jakobs-Kirche auf. Vor der Straßenbrücke liegt das neue Vereinsheim der Chamer Kanuten; hier dürfen wir nach Anfrage auch zelten. Die Altstadt lädt zum Aufenthalt ein. In einem ihrer Häuser wurde der berühmte Seemann Graf Luckner geboren, dem Frankreich für seine Verdienste die Marseillaise widmete. Bei der Stadtausfahrt bereitet uns das Wehr etwas Schwierigkeiten, eine längere Umtragestelle ist zu bewältigen. An den Röthelseeweihern vorbei erreichen wir nach einer gemächlichen Tagesfahrt den Markt Roding, einen Flecken mit gemütlichen Gasthäusern im alten Ortskern. Das zerfallene Wehr ist nach vorheriger Besichtigung befahrbar. Flussabwärts rücken die bewaldeten Hänge wieder näher, und das noch immer saubere Wasser trägt die Kanus an den beiden weit sichtbaren Klöstern Walderbach und Reichenbach vorüber nach Nittenau, dem Hauptort am unteren Regen. Nach der Nittenauer Ebene wird die Strömung schneller, die Landschaft romantischer. Riesige Findlinge liegen im Wasser. Vorbei an Hof, einem alten Adelssitz, kommen wir nach Stefling mit dem hoch am Felsen gebauten Schloss. Nach einem Wehr zwängt sich der Fluss in ein immer enger werdendes Tal. Im Flussbett liegen hier und da Granitblöcke und Überreste von Felsriegeln, die der Regen auf seinem Weg durchs Gebirge durchbrochen hat. Wie vorsintflutliche Ungeheuer versperren sie den Weg und zwingen uns zum Manövrieren. Dort, wo das Gestein am härtesten ist, bildet der bisher nach Nordwesten fließende Regen einen scharfen Knick – das Regenknie – und sucht endgültig seinen Weg in südlicher Richtung. Hier am Regenknie, hoch oben am Berg, hausen in der Burgruine Stockenberg angeblich die Geister der Bierbrauer und Wirte, die es mit dem gerechten Maß und dem strengen Braugesetz bei Lebzeiten nicht so ernst genommen haben. Nach einigen Kilometern verschwinden die vielen Steine im Flussbett, die Berge treten zurück, und der Regen verlangsamt seinen Lauf. Am verspielten Barockschlösschen des Freiherrn von Pfetten in Ramspau tragen wir die Boote übers Wehr. Bald erreichen wir Regenstauf, wo sich vom Schlossberg eine weite Aussicht ins Tal bietet. Es erwarten uns noch zwei Floßgassen, deren hohe Wellen für eine feuchte Überraschung sorgen können. Man kann die Boote aber auch umtragen. Die Besiedlung wird dichter, der Fluss in ein begradigtes Bett gezwungen, und bei Regensburg erreichen wir die Donau. An der Nibelungenbrücke endet unsere Wanderfahrt.

Charakter
Mit fast 200 km der längste Fluss der Oberpfalz. Sauberes Wasser, sehr abwechslungsreiche Landschaft. Unterhalb Regen einsames Tal, fast 30 km ohne Siedlung. Hier flotte Strömung mit Felsen im Flussbett, im »Bärenloch« sowie Gumpenrieder Schwall Wildwasserschwierigkeit. Von Viechtach bis Pulling Stauseen mit langen Umtragestellen. Ab Parkplatz Blaibacher See bis Regensburg auf 107 km als Bootswanderweg (5 Tagesetappen) mit vielen Rast- und Zeltplätzen ausgebaut. An den Wehren erleichtern Rampen und Treppen das Umtragen der Boote. Flussabwärts von Ramspau teilweise Flussbegradigung und zersiedelte Landschaft. Bei mittlerem Wasserstand (Pegel Zwiesel 55 cm, Pegel Schnitzmühle 75 cm, Pegel Chamerau 220 cm) mit allen Booten gut befahrbar; Vorsicht an felsigen Abschnitten mit Faltbooten. Im oberen Teil Bootswagen empfehlenswert. Ab Pulling durchgehende Pkw-Begleitung möglich. Befahrensregelung: zwischen Cham und Pösing sowie zwischen Regen und Teisnach Selbstbeschränkung: nicht anlanden, kleine Gruppen, Inseln und Kiesbänke nicht betreten, Lärm vermeiden!

Zeltmöglichkeiten
Zahlreiche Plätze entlang der Strecke.

Sehenswertes
Regen: Stadtplatz mit Bürgerhäusern, Burgruine Weißenstein, Pichelsteiner Fest.
Viechtach: Rokokokirche, restaurierte Kaufmannshäuser, Naturdenkmal »Großer Pfahl«.
Cham: Stadtkern mit St.-Jakobus-Kirche, Rathaus, Biertor, Vogelschutzgebiet Röthelsee.
Thierlstein: Schlösschen mit Aussicht in die Further Senke.
Roding: Teile der Stadtbefestigung, Renaissance-Rathaus, Klöster Walderbach und Reichenbach.
Stefling: Burgkapelle mit Rokokoaltar.
Stockenfels: Burgruine »Bierpanscherwalhalla«, Regenknie.
Ramspau: Liebliches Schlösschen mit Zwiebeltürmen.
Regenstauf: Schlossberg mit Aussichtsturm.
Regensburg: Mittelalterlicher Ortskern, Dom, Steinerne Brücke, Wurstkuchl, Rathaus, Schloss, Klöster, Walhalla (u. v. a.).

Auto nachholen
Bahnverbindung Regen–Regensburg jede Stunde; Blaibach–Cham–Regensburg alle zwei Stunden.

Karten, Literatur
Generalkarte 1 : 200 000 Blatt 20; ADAC-Freizeitatlas Nördliches Bayern 1 : 100 000.
Kanuwanderführer für Bayern; Deutsches Flusswanderbuch;

25 km

1–2-Tage-Fahrt

»Tief im harten Urgestein des Bayerischen Waldes eingeschnitten, von felsigen Waldhängen umsäumt, rauscht die Ilz in vielen Windungen zur Donau. Von oben sieht ihr Wasser schwarz wie Tinte aus.« ...So beschrieb sie vor mehr als hundert Jahren der Heimatdichter Adalbert Stifter. Doch es ist ein klares Moorwasser, das die drei Quellflüsse, die Große, Kleine und Mitternacher Ohe, aus den Filzen zwischen Rachel und Lusen zuführen.

Unsere Wanderboote können wir bei gutem Wasserstand schon an der Schrottenbaummühle einsetzen. Die Wehrkrone sollte überflutet sein, damit wir ohne Grundberührungen im steinigen Flussbett durchkommen. Es ist eine herrliche Fahrt durch die grüne Waldschlucht. Im Sommer säumen Gilbweiderich und balsamduftender Ziest die steilen Ufer, die nur selten von kleinen Waldwiesen unterbrochen werden. Am Zusammenfluss der Wolfsteiner Ohe mit der Ilz blickt Schloss Fürsteneck, über dessen Herren sich die Einheimischen schaurige Geschichten erzählen, vom Felssporn ins Tal. An Kalteneck vorbei verlieren sich unsere Kanus, unter der neuen Straßenbrücke hindurch, wieder im einsamen Tal. Nur ein Wanderweg führt am Fluss entlang. Weiter abwärts lockt die Siedlung Fischhaus mit einer großen Liegewiese sonnenhungrige Urlauber an die Ilzufer. Bald macht sich der Rückstau des E-Werks an der Oberilztalmühle bemerkbar. Die Strömung lässt nach, und die großen Felsblöcke, die uns am Fluss begleiteten, verschwinden im tiefen, dunklen Wasser des Stausees. Mehrere Kilometer paddeln wir durchs ruhige Wasser; nur ein paar Surfer und kleine Segelboote kreuzen unseren Weg. Im Spätsommer zeigen sich bei Niedrigwasser an den Ufern Narben der fortschreitenden Bodenerosion, Auswirkung des schwankenden Wasserspiegels. Bei der Staumauer landen wir rechts an der Bootstreppe; das Umtragen ins Unterwasser ist nicht schwierig. Die flussabwärts liegende ehemalige Triftsperre fahren wir scharf rechts. Vor der engen Halser Schleife ist die Ilz durch das nächste E-Werk aufgestaut; noch einmal müssen wir umtragen. Der Schwan

△ *Bei Fischhaus beruhigt sich die Ilz, die letzten Felsen liegen noch im Flussbett.*

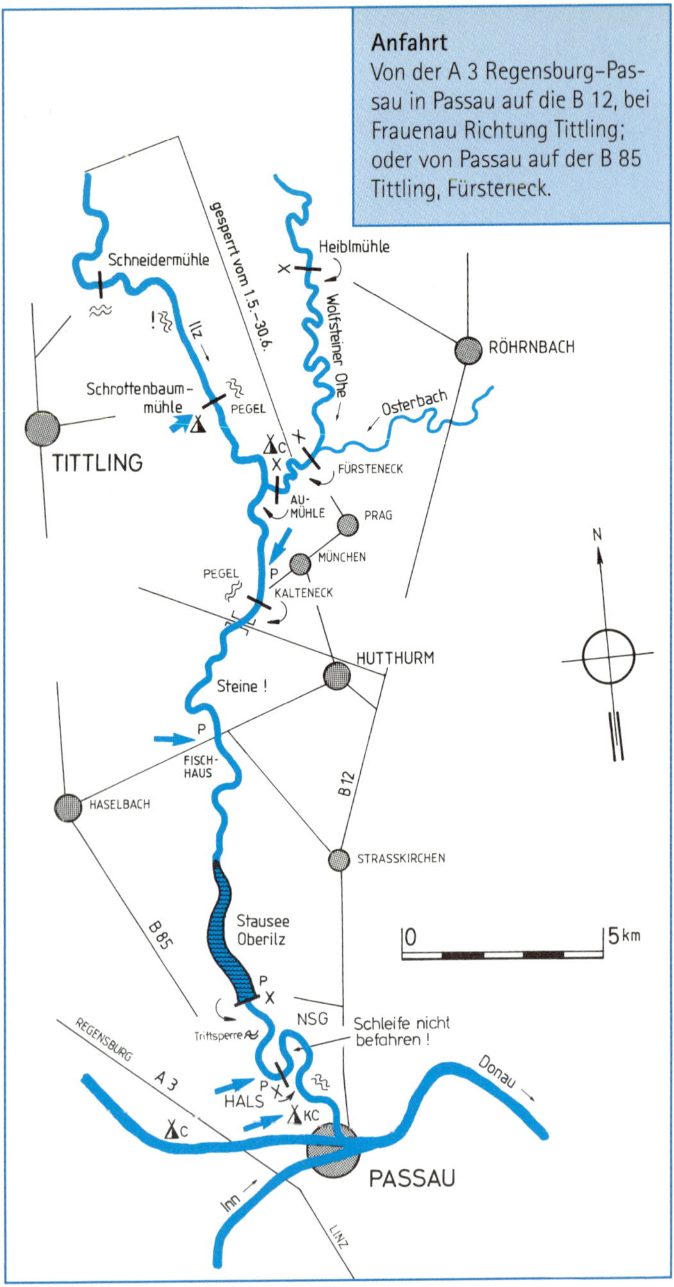

Anfahrt
Von der A 3 Regensburg–Passau in Passau auf die B 12, bei Frauenau Richtung Tittling; oder von Passau auf der B 85 Tittling, Fürsteneck.

Blühender Gilbweiderich begleitet uns bei einer Sommerfahrt auf der Ilz.

von der Ilzinsel kommt mit angehobenen Flügeln bedrohlich nah, also nichts wie aus dem Wasser! Die Flussverbauer verwünschend, laufen wir zur Burgruine, um die einmalige Halsenge von oben zu betrachten. Die Kehre ist heute Naturschutzgebiet, nicht einmal im Frühjahr sollten wir sie befahren!

Nach der Brücke im Ort setzen wir wieder ein, und knapp vor Passau flitzen unsere Boote über ein verfallenes Wehr. Wir legen rechts am Bootshaus der Faltbootabteilung des Turnvereins Passau an, und nach Anmeldung dürfen wir hier auch zelten.

Charakter
Im Oberlauf schnelle Strömung, Steine im Flussbett. Bei Wasserpegelstand 1,20 m in Kalteneck mit Zweierbooten ab der Schrottenbaummühle gut befahrbar (Befahrungsverbot Ettmühle bis zur Mündung in die Wolfensteiner Ohe 1. 5.–30. 6.). Vorsicht mit Faltbooten: viele Felsen im Fluss! Landschaft streckenweise noch unberührt. Großartige Waldschlucht, aber leider mit der Talsperre entwertet. Halser Schleife – NSG, nicht befahren! Die Wolfsteiner Ohe ist bis in den Frühsommer ab der Heiblmühle mit drei leicht zu umtragenden Wehren ein ähnlich schöner Wanderfluss. Pkw-Begleitung bei beiden Flüssen nicht möglich, nur Anfahrten zu den Brücken.

Zeltmöglichkeiten
Schrottenbaummühle, Aumühle, Passau DKV-Platz oder Camping an der Donau.

Sehenswertes
Fürsteneck: Ehem. Burg, fürstbischöfliches Schloss, barocke Schlosskapelle.
Kalteneck: Ruine der Raubritterburg Angerberg.
Hals: Burgruinen, Wallfahrtskirche St. Achatius, viele nette Wirtshäuser, schönes Flussbad an der Ilz.
Passau: Nach Alexander v. Humboldt eine der sieben schönsten Städte der Welt, einmaliges Stadtpanorama, St.-Stefans-Dom, viele Kirchen, Residenz, Burg Oberhaus mit Museum, Schlösser im Stadtpark, Rathaus (u. v. a.).

Auto nachholen:
Regelmäßige Busverbindungen zwischen Kalteneck und Passau.

Karten, Literatur
Generalkarte 1 : 200 000 Blatt 20; ADAC-Freizeitatlas Nördliches Bayern 1 : 100 000; KOMPASS-Wanderkarte 1 : 50 000, Blatt 197. Kanuwanderführer für Bayern.

Gottfrieding – Isarmünd
Stromgebiet Donau

Untere Isar 10

44 km

2-Tage-Fahrt

Auf ihrem 300 km langen Weg durchfließt die Isar von den Alpen bis zur Mündung in die Donau bei Deggendorf die unterschiedlichsten Landschaften. Ihr Wasser wird industriell fast restlos genutzt. Viele Verbauungen, die überwiegend in den Sechzigerjahren entstanden sind, machen durch starke Wasserentnahme und hohe Staumauern eine durchgehende Flussbefahrung unmöglich. Es bleiben dem Kanuwanderer nur wenige lohnende Abschnitte übrig.
Unser Wandervorschlag ist dem wenig bekannten Flussabschnitt von Gottfrieding bis zur Mündung gewidmet. Hier fließt die Isar in einer parkähnlichen Landschaft, nur wenige Orte berührend, völlig einsam, doch leider mehrmals aufgestaut, durch Auwälder und Wiesen. Wegen der alljährlichen Hochwasser-Überschwemmungen wurden die Siedlungen nur auf Schotterrücken und in größerer Entfernung vom Fluss gebaut. Bei einem Start nach dem Wehr in Gottfrieding liegen über 40 km Kanufahrt, mit vier Umtragestellen an Staudämmen in Zulling, Ettling, Pielweichs und der Sohlschwelle Plattling, vor uns. In Usterling legen wir in einer kleinen Bucht rechtsufrig an, um zu einem einmaligen Naturdenkmal, dem »Wachsenden Stein«, kurz hinaufzuwandern. Ein paar Spazierminuten hinter dem Dorf lässt ein kleines, kalkhaltiges Quellbächlein, das in einer steinernen Rinne den Hang herunterplätschert, unter sich eine 4 m hohe Sintermauer wachsen, um am Ende von ihr in dünnem Wasserfall hinunterzuspringen. Zwei Waldkapellen in unmittelbarer Nähe bilden einen hübschen Rahmen für den kleinen Wallfahrtsort. Wieder am Wasser angelangt, lockt uns nach ein paar Kilometern Landau, die alte Herzogsstadt, zur Besichtigung. Vor Zeholfing weitet sich die Isar seeartig aus, und am neuen Stauwehr vor Ettling tragen wir noch mal unsere Boote um. Nachher zieht uns die Isar im flotten Lauf an der weit sichtbaren Maria-Burg-Kapelle vorbei. Nach einer Fahrt durch das Fischreiherschutzgebiet im Kleinweichser Holz legen wir links an der Rampe der Kraftstufe Pielweichs an, tragen um und erreichen bald Plattling. Rechts vor den Straßen- und Eisenbahnbrücken steigen wir

△ Am versandeten Anlandeplatz der ehemaligen Fähre in Isarmünd.

Anfahrt
A 3 Nürnberg–Passau, am Kreuz Deggendorf auf die A 92 nach Landau, Ausfahrt 19, B 20 nach Landau, rechts ab nach Mamming.

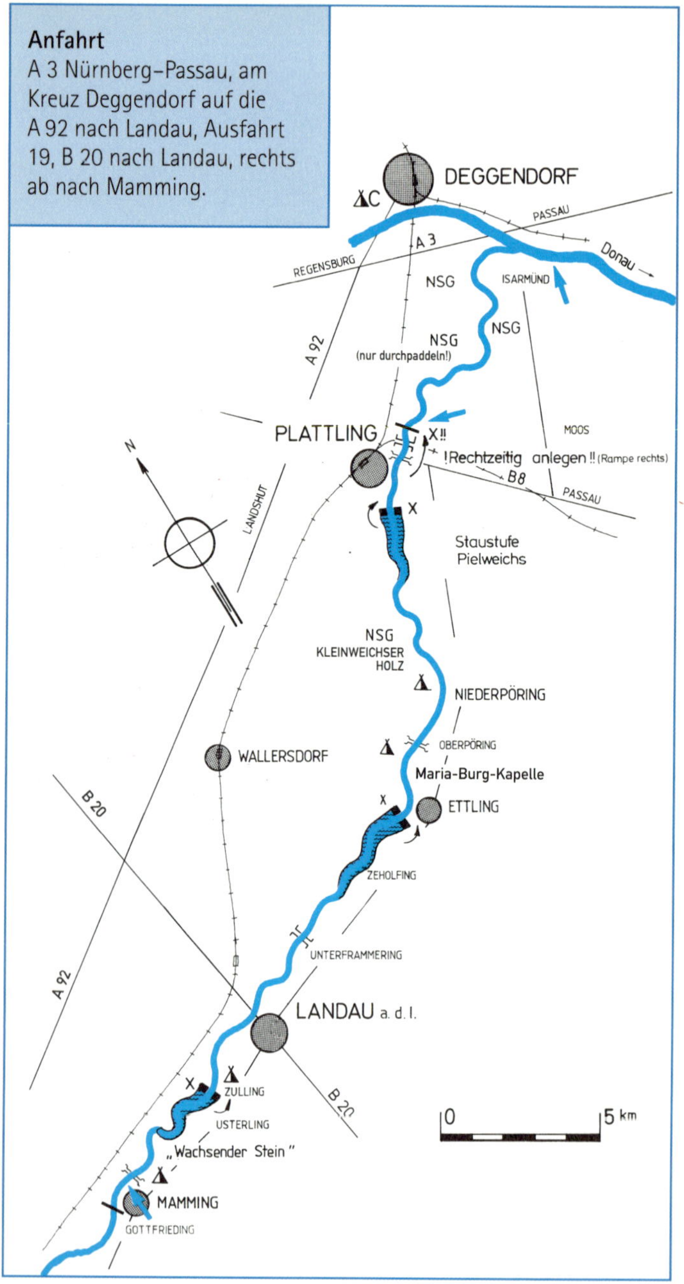

Schnell fließendes Zahmwasser erwartet uns bei einer Fahrt auf der Unteren Isar.

aus (Vorsicht! – Sohlstützschwelle) und besichtigen die nahe liegende 1000-jährige romanische St.-Jakobs-Basilika. Am Horizont nähert sich die blaue Kulisse des Bayerischen Waldes. Die Fahrt wird etwas langsamer. Hier, wo die Isar mit der Donau im fast rechten Winkel zusammenprallt, bildet sich bei Donauhochwasser oft ein Stau. Weite Gebiete werden dabei deltaartig überschwemmt. Am rechten Ufer entlangpaddelnd, erreichen wir nach ca. 1 km Donaufahrt die versandete Anlegestelle der ehemaligen Fähre bei Isarmünd, den Endpunkt unserer Wanderung. Bevor wir die Boote auf dem Autodach befestigen, können wir auch noch schön baden.

Charakter
Schnell fließendes Zahmwasser; teils gestaut. Ab Zulling verlangen Brückenpfeiler, neue Brückenbaustellen und alte Pfähle im Fluss stellenweise aufmerksames Paddeln. Im Mündungsbereich völlig einsam, ein Hauch von Urlandschaft, Fischreiherkolonien. (NSG – hier nur durchpaddeln – nur Kanus und Kajaks erlaubt!) Wasser leidlich sauber, kleine Kiesbänke, mehrere einsame Zeltmöglichkeiten, schöne Badeplätze. Für alle Boote, auch Faltboot-Zweier, gut befahrbar. Bootswagen erforderlich wegen Umtragen an Stauwehren. Pkw-Begleitung nur an Kontaktstellen – an den Brücken – möglich. Vorsicht, in Plattling rechts vor den Brücken anlegen! (Sog zum Wehr!)

Zeltmöglichkeiten
Nach Anfrage neben Sportplatz in Oberpöring, Zulling.

Sehenswertes
Usterling: »Wachsender Stein« (Sinterfels), Waldkapellen.
Landau: Weißgerberhaus, spätgotische St.-Johannis-Kirche.
Plattling: Alte Pfarrkirche, Basilika St. Jakob am Friedhof. Vor der Isarmündung Reiherkolonie (NSG).

Auto nachholen
Zwischen Deggendorf und Landau regelmäßige Bahnverbindungen; zwischen Mamming und Landau Busverbindung.

Karten, Literatur
Generalkarte 1 : 200 000 Blatt 20; ADAC-Freizeitatlas Südliches Bayern 1 : 100 000.
Kanuwanderführer für Bayern; Deutsches Flusswanderbuch.

102 km

3-4-Tage-Fahrt

Jahrhundertelang diente der bis in die Fünfzigerjahre noch völlig unverbaute Inn als wichtige Wasserhandelsstraße zwischen Tirol, Bayern und Wien. Nach einer 300 km langen Strecke durch die Alpen fließt er, in Bayern ankommend, zuerst vor Rosenheim in ein breites, vermoortes Gletscherbecken, gräbt sich weiter nördlich in die leicht ansteigende Schotterterrasse der eiszeitlichen Gletschermoräne immer tiefer ein und durchsägt diese zwischen Wasserburg und Mühldorf in weiten, regelmäßigen Schleifen. Bei Marktl, wo die Landschaft wieder flacher wird, nimmt der Inn von rechts die wasserreiche Salzach auf und läuft durch viele Stauseen nach Passau, wo er seine milchig grünen Gewässer mit der Donau vermischt. Für unsere Kanuwanderung wählen wir den zwar auch verbauten, jedoch landschaftlich abwechslungsreichsten sowie einsamen Flussabschnitt zwischen Wasserburg und Braunau. Während dieser ca. 100 km lernen wir alle Gesichter der Innlandschaft kennen. Hier wechseln steile, bewaldete Hänge der Schotterterrassen mit niedrigen Wiesenufern, die engen Passagen der Umlaufschleifen bei Wasserburg und Kraiburg bilden einen krassen Gegensatz zu der weit offenen Flusslandschaft der Innauen am Zusammenfluss mit der Salzach. Obwohl wir immer wieder an Zeugen des menschlichen Daseins – Städten, Klöstern und Staudämmen – vorbeikommen, bleibt das Tal sehr einsam und vom hektischen Straßenverkehr weitgehend verschont. Nur Wanderwege führen an den Ufern entlang, und wenige Brücken überspannen den ruhig dahinziehenden Fluss. Unsere Kanutour beginnt in Wasserburg, wo wir unterhalb des Wehrs im Angesicht der loggiengeschmückten Häuserreihen unsere Boote ins Wasser lassen. Das Ocker und Gelb der Fassaden, an denen unsere Kanus vorbeigleiten, strahlt einen Hauch Italien aus. Der Inn schmiegt sich wie ein leuchtend grünes Band an die malerische Stadtkulisse, die uns immer neue Anblicke zeigt, bevor wir im dunklen Grün des Flusstales verschwinden. Nach 12 km ruhiger Fahrt sehen wir zum ersten Mal das blaue Schild mit weißem Pfeil, das uns eine Umtragestelle anzeigt. Sie

△ *Viele Flussarme bildet der Inn vor der Mündung der Salzach.*

Anfahrt
Von München über die B 304 nach Wasserburg.

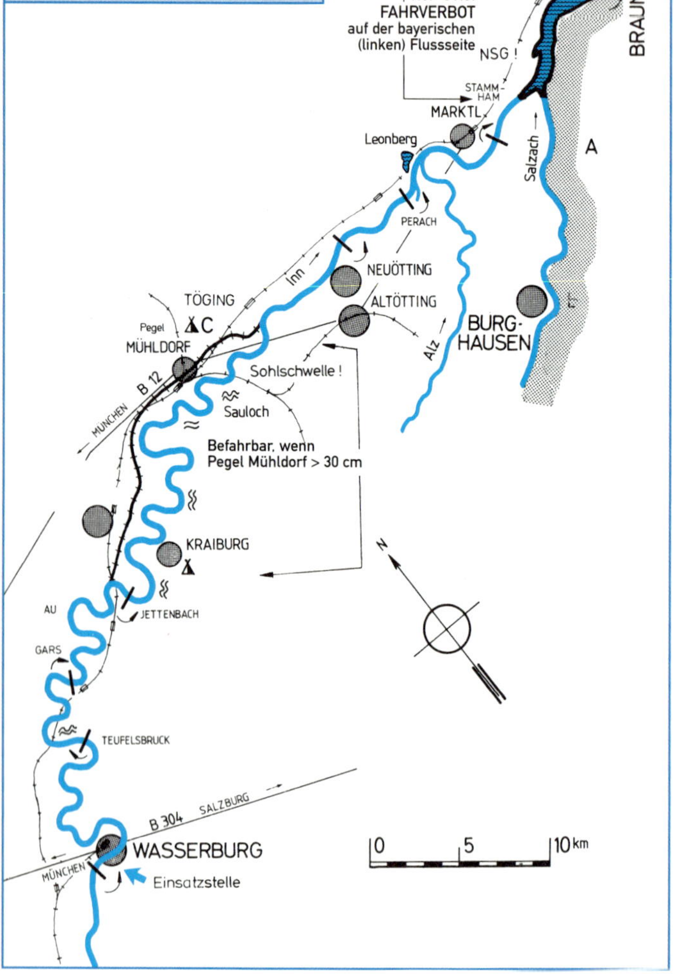

befindet sich am Teufelsbrucker Staudamm; bis nach Braunau folgen ihm noch weitere fünf. Nach dem Wiedereinsetzen fließt der Inn etwas schneller, ein lang gezogener Schwall verlangt beim Paddeln etwas Aufmerksamkeit. Durch die Baumkronen leuchtet bei Gars die sehenswerte alte Klosterkirche St. Maria zum Fluss herunter, und in

Au begleitet uns der lang gezogene Bau des herrlichen Augustinerklosters. Eine flotte Strömung nach dem Stauwerk in Jettenbach signalisiert die Nähe der kleinen, stillen Stadt Kraiburg, deren alte Bürgerhäuser sich dicht unter dem Burghügel ducken. Eine kleine Wiese am Flusspegel bietet Platz für einige Zelte, und so können wir abends am alten Marktplatz unter Laubengängen herumspazieren und die friedliche Bürgerlichkeit des schlummernden Städtchens genießen. Am nächsten Tag liegt eine lange naturbelassene, landschaftlich sehr abwechslungsreiche Strecke mit guter Strömung vor uns. In Mühldorf, einer alten Salzhandelsstadt mit lang gezogenem Marktplatz, erwartet uns eine kitzlige Schwallstufe, das »Sauloch«, die wir jedoch auch mit Faltbooten gut bewältigen. Es folgt das Wehr in Neuötting. Von hier ist es nicht weit nach Altötting, dem berühmten bayerischen Wallfahrtsort, dessen Schwarze Muttergottes bis heute unzählige Pilger anzieht. Vor Marktl, unter dem Leonberg, wo vor vielen Jahrhunderten in einer stürmischen Frühlingsnacht die ganze Burg mitsamt ihren Bewohnern in den Hochwasser führenden Fluss stürzte, mündet von rechts die aus dem Chiemsee eilende Alz in den Inn. Linksufrig lockt das ausgedehnte Erholungsgebiet mit vielen klaren Badeseen zum längeren Aufenthalt. Nach dem Stammhamer Wehr beginnt der große Inn-Salzach-See, dessen unzählige

Wasserburg am Inn – die Fahrt an der geschlossenen Stadtkulisse vorbei vermittelt einen Hauch von »Klein-Venedig«.

grüne Inseln seltenen Wasservögelkolonien Schutz bieten. An der Staumauer vor Simbach angelangt, nach einer mühsam gepaddelten Strecke im stehenden Wasser, tragen wir die Boote um und landen nach ein paar Kilometern im bayerischen Simbach vor der Straßenbrücke. Gegenüber, in Österreich, liegt die reizvolle Stadt Braunau.

Charakter
Große Wassermengen führender Fluss. In der Zeit der Schneeschmelze Hochwasser. Sehr schön im Spätsommer zu befahren. Nach den Stauwehren teilweise Flussbettverengungen mit Schwallbildung; oberhalb der Wehre lange ruhige Strecken. Wasser milchig trüb, grünlich, jedoch sauber und sehr kalt; große Tiefen, darum immer Schwimmweste anlegen. Strecke zwischen Jettenbach und Mühldorf gute Strömung, mit natürlichen Stufen, Sohlschwellen und Felsen im Flussbett, doch bis auf etwas höhere Wellen keine Schwierigkeiten. Alle Umtragestellen an den Wehren sind vorbildlich gekennzeichnet, überwiegend mit Treppen und Anlegerampen versehen. Naturschutzgebiet an der Salzach-Mündung nur im Fahrrinnenbereich durchpaddeln. (Befahrungsverbot zwischen 1. 5. und 31. 8. gilt nur auf bayerischer Flusshälfte.) Ab hier Grenzfluss – Personalausweis mitführen! Die Mitnahme eines Bootswagens ist notwendig, da Umtragelängen zwischen 200 und 500 m zurückzulegen sind. Landschaftlich sehr eindrucksvoll. Geeignet für Wanderfahrer mit etwas Erfahrung und für alle Bootstypen. Pkw-Begleitung; nur an Brücken und Wehren Kontaktmöglichkeiten.

Zeltmöglichkeiten
Kraiburg; Campingplatz Mühldorf; viele einsame Zeltplätze am Fluss.

Sehenswertes
Wasserburg: Herrliche Altstadt auf einer schmalen Landzunge, Schloss, gotische Pfarrkirche, Herrenhaus, Kernhaus, Frauenkirche.
Gars: Kloster mit Kirche.
Au: Augustinerkloster, Schloss Stampfl.
Kraiburg: Altes Städtchen, Marktplatz, Burgruine.
Mühldorf: Prächtige Bürgerhäuser am Marktplatz, St.-Nikolaus-Kirche.
Altötting: Bedeutendster Wallfahrtsort Bayerns, Gnadenkapelle, Stiftskirche, Schatzkammer.

Auto nachholen
Regelmäßige Bahn-Bus-Verbindungen zwischen Wasserburg (Reitmehring) und Simbach.

Karten, Literatur
Generalkarte 1 : 200 000 Blatt 23; ADAC-Freizeitatlas Südliches Bayern 1 : 100 000.
Kanuwanderführer für Bayern; Deutsches Flusswanderbuch.

Salzach 12

In ihrem Oberlauf durch die Kitzbühler und Salzburger Alpen ist die Salzach eines der schwierigsten alpinen Wildwasser, das nur wirklichen Könnern vorbehalten bleibt. Ab Freilassing, wo sie den bayerischen Boden betritt und die Saalach aufnimmt, strömt die Salzach einsam im teilweise regulierten Kiesbett als Grenzfluss mit großer Geschwindigkeit durch ein breites, flaches Gletscherbecken. Das Wasser ist auch im Hochsommer sehr kalt. Daher ziehen wir auf jeden Fall vor Beginn unserer Fahrt auf diesem wunderschönen Fluss unsere Schwimmweste über. Weite Auwälder mit gut erhaltenen Hainbuchen- und Eichenbeständen prägen das Landschaftsbild. Bei Laufen sägt die Salzach in zwei ausgeprägten Umlaufschleifen einen harten Moränenriegel durch, um sich nachher bis Tittmoning in ruhigen Bögen zwischen niedrigen Schotterhügeln durchzumogeln. Beide Städte, Laufen und Tittmoning, lohnen einen Landgang. Gegründet als römische Siedlungen, haben sie bis heute ihren südlichen Charakter behalten, den ihnen die typischen Giebelfronten entlang dem Fluss verleihen. Auf ihrem weiteren Lauf gräbt sich die Salzach immer tiefer in den großen Moränenwall ein. Hier begegnet man manchmal den »Plätten«, mittelalterlichen Salzschiffen nachgebauten Holzkähnen, die als Touristenattraktion den Strom hinunterschippern. Zwischen steilen, bewaldeten Hängen flitzen unsere Kanus in flotter Fahrt unter dem von weitem sichtbaren Zisterzienserkloster Raitenhaslach vorbei nach Burghausen. Auf einem engen, felsigen Umlaufsporn ragt hoch über dem Fluss eine lang gezogene Burganlage, die längste und eine der besterhaltenen Deutschlands. Kurz danach bewältigt die Salzach ihren letzten, landschaftlich sehr eindrucksvollen Durchbruch. Das Wasser beruhigt sich, und wir paddeln in das Mündungsdelta mit den vielen Vogelinseln und weiter auf dem Inn bis nach Simbach. Hier erwartet uns am Kraftwerk vor der Stadt eine lange Umtragestelle (mit Bootswagen am österr. Ufer); es ist die einzige auf unserer Fahrt.

70 km

2-Tage-Fahrt

△ *Hoch über dem Fluss ragt auf einem engen Felssporn Burghausen, die längste Burganlage auf deutschem Boden.*

Anfahrt
A 8 München–Salzburg, auf der B 20 nach Freilassing; oder auf der A 3 von Passau, Ausfahrt Pocking, über die B 12 und B 20 nach Burghausen.

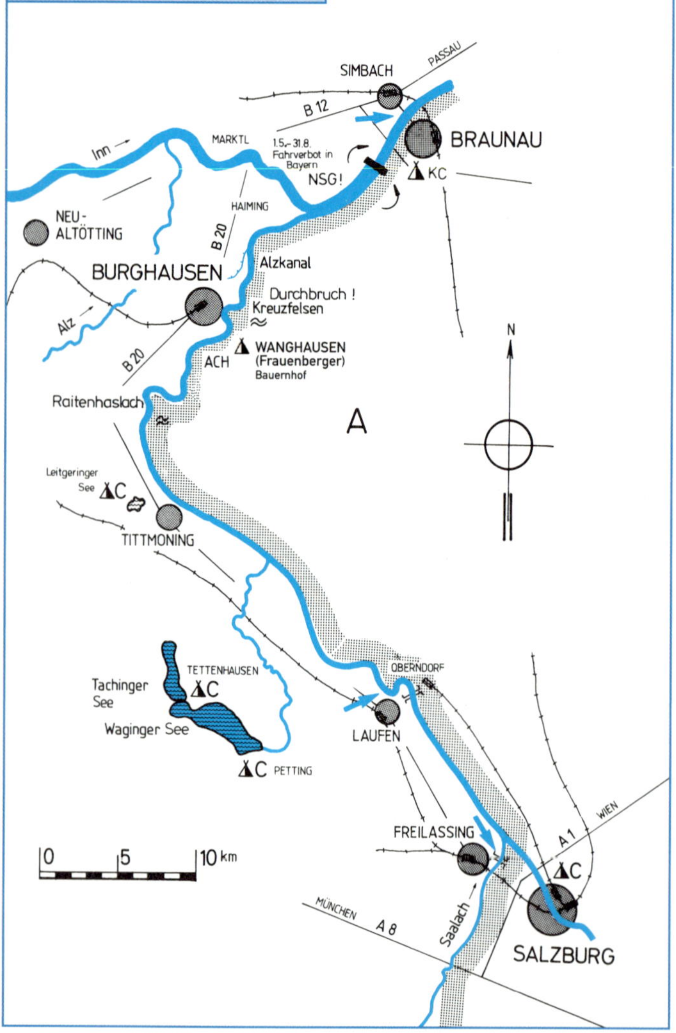

Charakter
Auf 60 km noch unverbauter, sehr schnell fließender Gletscherfluss mit milchig grauem Wasser. Wegen eiskalter Wassertemperaturen und schneller Strömung in jedem Fall mit Schwimmweste fahren! Bei niedrigem Wasserstand öfter Kiesbänke, in der Laufener Schleife Schwall mit hohen Wellen, links umfahrbar; beim Durchbruch Kreuzfelsen Wirbel und Querströmungen, sonst keine wassertechnischen Schwierigkeiten. Für alle Bootstypen, auch Faltboote, geeignet. Günstige Einsatzstelle an Saalachbrücke bei Freilassing oder in Laufen. Ab Freilassing Grenzfluss, Ausweispapiere stets mitführen. Pkw-Kontakt nur an Brücken möglich.

Zeltmöglichkeiten
In Wanghausen beim Bauern Frauenberger (gleich nach der 1. Brücke Burghausen–Ach); in Braunau bei der Enknachmündung vor der Brücke; Jugendherberge in Burghausen (Tel.: 08677/4187); schöne Campingplätze oberhalb von Tittmoning und am Waginger See können als Stützpunkte für mehrere Flussfahrten in der Umgebung dienen.

Sehenswertes
Laufen: Wehrkirche Maria Himmelfahrt, Eisenbrücke über die Salzach, restaurierte alte Häuser.
Tittmoning: Burg mit Schützenscheiben-Museum, römische Ausgrabungen, Marktplatz.
Raitenhaslach: Klosterbrauerei, Barockkirche, Rokokokirche Marienberg.
Burghausen: Burganlage, Altstadt, Stadtplatz, Wöhrsee.
In Österreich: Salzburg und Braunau.

Auto nachholen
Akzeptable Bahnverbindungen zwischen Freilassing und Simbach.

Karten, Literatur
Generalkarte 1 : 200 000 Blatt 26, 23; ADAC-Freizeitatlas Südliches Bayern 1 : 100 000.
Kanuwanderführer für Bayern; Deutsches Flusswanderbuch.

16 und 21 km

2 Tagesfahrten

An seinem Nordende entfließt dem Chiemsee als einziger Abfluss die Alz, ein Fluss ohne Quelle. Sie erreicht nach einem über 60 km langen Lauf durch die abwechslungsreiche, hügelige Landschaft des Chiemgaus bei Marktl den Inn. Für uns Kanufahrer sind die Flussabschnitte vom Chiemsee bis Altenmarkt und von Trostberg bis Hirten interessant. Hier können wir zwei schöne Tagestouren erleben. Bei der Seeausfahrt paddeln wir am Yachthafen von Seebruck vorüber; viele kleine und große Segelboote schaukeln an den Stegen und wecken in uns die Vision vom »Bayerischen Meer«. Nach der Straßenbrücke verklingt der Seebetrieb, eine stille, weitgehend ursprüngliche Landschaft nimmt uns auf. Leise gleiten unsere Boote durch ein ausgedehntes Schilfgebiet, das bis Pullach reicht. Nach der weit ausholenden Ischler Schlinge, wo der Fluss eine große Insel bildet, (linker Flussarm und Insel NSG!) strömt die Alz an Truchtlaching vorüber, um nachher in großen, rhythmischen Schleifen in den Moränenwall einzudringen und diesen durchzusägen. Die weiße Barockkirche des Dorfes spiegelt sich im ruhig fließenden Wasser, in dem sich viele Fische tummeln. Etwas flussabwärts erwartet uns das erste Wehr; wir tragen links über die Treppe die Kanus um. An einzelnen Bauernhöfen vorbei paddeln wir durchs Höllthal, wo kleine Schwalle, Wellen und Inseln die Fahrt sportlich beleben. Weit sichtbar signalisiert die alte Klosteranlage Baumburg das Ende unserer Flusswanderung. In Altenmarkt stürzt die Alz in tosenden Wasserfällen über mehrere Felsterrassen kataraktartig hinunter, um sich unterhalb der Stadt mit der schnellen Traun zu vereinigen. Links vor dem neuen Kraftwerk bei km 46 vor dem ersten Altenmarkter Wehr finden wir eine ideale Anlege- und Abbaustelle.

Für die zweite Etappe unserer Fahrt auf der Alz (Pegel Burgkirchen min. 50 cm) finden wir eine empfehlenswerte Einbootstelle nach dem Wehr in Trostberg. Rasch trägt uns der Fluss durch das liebliche Tal und wartet erst nach der Straßenbrücke von Tacherting mit dem ersten Wehr auf uns, das wir rechts

△ *Die Spiegelungen im stillen Wasser der Alz lassen den hektischen Alltag vergessen.*

Anfahrt
A 8 München–Salzburg, Ausfahrt Grabenstätt, über Chieming nach Seebruck.

△ *Die Alz ist ein breites, ruhig fließendes Gewässer, das mit allen Bootstypen befahren werden kann.*

umtragen. Ein sportlich-spritziges Schmankerl sind die kurz darauf folgenden Felsbarrieren mit ihren Wellen, die wir mit geschlossener Spritzdecke zunächst rechts und dann mittig befahren. Die Wehre bei Garching und Wald sind wegen des Rücksogs gefährlich. Sie sind rechtzeitig beschildert und können über gut ausgebaute Treppen umtragen werden. An unserem Ziel in Hirten können wir vor dem Wehr rechts ausbooten und unsere Fahrt beenden.

Charakter

Breiter, ruhig fließender Wanderfluss mit sauberem Wasser. Chiemsee bis Altenmarkt vom 1. 7. bis 31. 12. mit allen Bootstypen befahrbar; Trostberg bis Hirten ganzjährig. Schönste Zeit im Herbst, wenn sich im Durchbruch die Laubwälder verfärben. Bis zur Altenmarkter Liegewiese zwei Wehre, die leicht umzutragen sind. Landschaftlich sehr ansprechend, zuerst flach, dann tiefes Tal zwischen bewaldeten Hügeln, sehr einsam. Pkw-Kontakt nur in Truchtlaching und an den Mühlen. NSG an der Ischler Schleife: linker Alzarm und Insel gesperrt!

Zeltmöglichkeiten

Mehrere Campingplätze rund um den Chiemsee; beim Bauernhof in Wies.

Sehenswertes

Chiemsee: Schloss Herrenchiemsee, Insel Frauenchiemsee.
Seeon: Kloster mit Kreuzgang, Friedhof.
Altenmarkt: Klosteranlage Baumburg, Kirche, Altenmarkter Wasserfälle.
Prien: Allerseelenkapelle, Pfarrkirche, Heimatmuseum.
Pavolding: Moderne, überlebensgroße Skulpturen von H. Kirchner.

Auto nachholen

Keine akzeptablen Verbindungen des Nahverkehrs zwischen Trostberg und Hirten; Busverbindung zwischen Seebruck und Altenmarkt.

Karten, Literatur

Generalkarte 1 : 200 000 Blatt 23, Blatt 26; ADAC-Freizeitatlas Südliches Bayern 1 : 100 000; KOMPASS-Wanderkarte Blatt 10.
Kanuwanderführer für Bayern.
Deutsches Flusswanderbuch.

77 km

3–4-Tage-Fahrt

Westlich von Garmisch-Partenkirchen, in der sehr engen Griesenschlucht, zählt die Loisach zu den schwierigsten und zugleich schönsten Wildwassern der Alpen. Im Mittel- und Unterlauf aber zeigt sie als abwechslungsreicher Wanderfluss ihre Reize.

Im Garmischer Vorort Farchant finden wir einen guten Einsatzplatz, doch wir können die Boote auch am Bad in Oberau oder in Eschenlohe ins Wasser lassen. Im Rücken haben wir das mächtige Wettersteingebirge, zu beiden Seiten die hohen Hänge des Estergebirges und der Ammergauer Berge. Die Kanus schaukeln in rascher Strömung durch das flach gehobelte Gletschertal, Auwälder und ausgedehnte Moorgebiete umrahmen den teilweise regulierten Fluss. Bei niedrigem Wasserstand gestalten heraustretende weiße Kiesbänke die Fahrt noch reizvoller. Nur zwei Wehre müssen wir auf der ca. 40 km langen Etappe bis zum Kochelsee überwinden. Das Wehr in Kleinweil ist bei günstigem Wasserstand mittig/rechts über die Bootsgasse befahrbar, wegen der Schrägströmung aber unbedingt vorher ansehen. Am Ausgang steht eine hohe Schwallwelle. Doch in Großweil müssen wir meistens die Boote umtragen. In großem Bogen kehrt hier die Loisach nach Süden zurück und fließt gegen die Berge. Vor uns wachsen die imposanten Felshänge von Jochberg und Herzogstand immer höher; über 1000 Höhenmeter ragen die im Frühsommer schneebedeckten Nordwände aus dem Wasser des Kochelsees. Am alten Augustinerstift St. Tertulin vorbei erreichen wir in schneller Fahrt den See, wo auf dem gegenüberliegenden Ufer zwei schöne Campingplätze zum Übernachten einladen. Ein kleiner Spaziergang zum Kraftwerk krönt die erste Tagesetappe mit einer herrlichen Aussicht auf die weite Voralpenlandschaft. Der zweite Flussabschnitt unterhalb des Sees zeigt eine völlig veränderte Loisach. Langsam fließend durch eine flache, teilweise entwässerte und landwirtschaftlich genutzte Moorlandschaft, erreicht sie bei Schönmühl einen Hartsteinriegel, der ihr eine weite Schleife aufzwingt. Weil das ganze Wasser in einem Stollen zum Kraftwerk abge-

△ *Am Kochelseeabfluss machen sich Kajakfahrer zur Weiterfahrt fertig.*

Anfahrt

A 95 von München, Ausfahrt Wolfratshausen; oder Murnau-Kochel, auch über Eschenlohe auf der Olympiastraße nach Farchant.

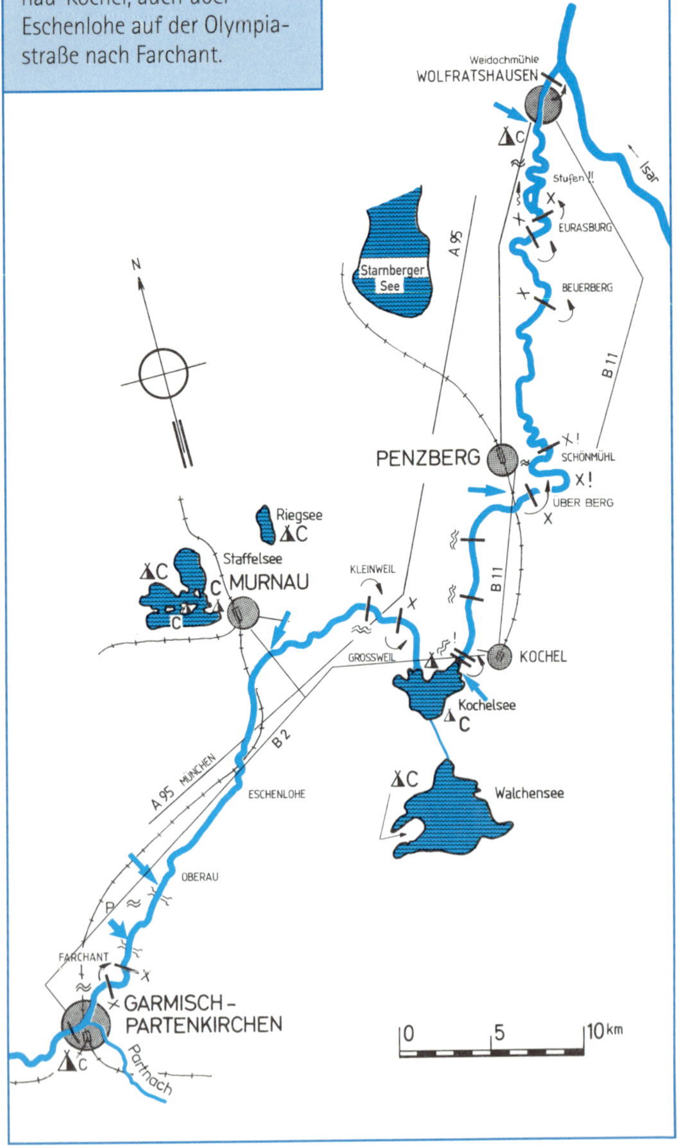

Das flache Beuerberger Wehr bereitet uns beim Umtragen keine Schwierigkeiten.

leitet wird, müssen wir beim blauen Schild links an der Säge ausbooten und die Kanus mehr als 500 m auf einem Asphaltweg über den Berg karren, um sie wieder am E-Werk-Auslauf ins Wasser zu setzen. Durch ein hügeliges Waldgebiet schlängelnd, erreichen wir in einer ruhigen Fahrt den Ort Beuerberg. Hier verschwindet wieder ein Teil des Wassers im Loisach-Isar-Kanal. Doch es bleibt noch genug übrig, um im alten Flussbett entlang der steilen Moränenterrasse weiterzufahren. Am Eurasburger Wehr tragen wir die Boote wieder um (rechtzeitig anlegen!) und paddeln an der großen Insel vor Wolfratshausen im linken Flussarm vorbei; rechts liegt am Zusammenfluss eine unbefahrbare Stufe. Gleich am Stadtrand von Wolfratshausen befindet sich ein hübscher Campingplatz. Doch es lohnt noch eine Weiterfahrt auf der Isar bis nach München (seit 1995 fließen 15 m^3/s Wasser in die Isar). Hier begegnen wir insbesondere an den Wochenenden den bekannten »Musikflößen«, mit denen Touristen mit viel Bier und Blasmusik zur Floßlände in Thalkirchen gebracht werden.

Charakter
Im ersten Flussabschnitt sehr schnell dahinziehender Wanderfluss mit eiskaltem, sauberem Wasser. Am Abfluss aus dem Kochelsee eine doppelte, befahrbare Stufe, doch Vorsicht auf kantige Steine! Danach langsame Strömung ohne wassertechnische Schwierigkeiten; auch für Anfänger geeignet. Die wenigen Verbauungen sind gut überwindbar, doch die lange Umtragestelle in Schönmühl verlangt die Mitnahme eines Bootswagens. Insgesamt abwechslungsreich und lohnend. Befahrbar mit allen Bootstypen. Pkw-Begleitung gut möglich.

Zeltmöglichkeiten
Campingplätze Garmisch-Partenkirchen; Kochelsee, Staffelsee (kanufreundlich auch mit 2 Plätzen auf Inseln, davon 1 x nur für Mitglieder des KV); Riegsee und Wolfratshausen.

Sehenswertes
Garmisch-Partenkirchen: Pfarrkirche, Werdenfelser Heimatmuseum, Burgruine, Zugspitze, Partnachklamm.
Kochelsee: Imposanter Klosterbau St. Tertulinus, St.-Michaels-Kirche.
Benediktbeuern: Barocke Klosterkirche, Bauerhof-Freilichtmuseum Glenleiten.
Beuerberg: Wandpfeilerkirche.
Wolfratshausen: Schöne Bürgerhäuser, Barockkirche, NSG Pupplinger Au an der Isar.
Murnau: Kunstmuseen.

Auto nachholen:
Radwege entlang dem Flusslauf; Bus und Bahn relativ häufig, aber umständlich.

Karten, Literatur
Generalkarte 1 : 200 000 Blatt 25, Blatt 22; ADAC-Freizeitatlas Südliches Bayern 1 : 100 000; KOMPASS-Wanderkarte 1 : 50 000 Nr. 6, 7, 180.
Kanuwanderführer für Bayern; Deutsches Flusswanderbuch.

Mittlere Isar 15

55 km

2-Tage-Fahrt

Die Isar, unter den steilen Nordhängen des Karwendelgebirges entspringend, gehört geologisch zu den noch sehr jungen Alpenflüssen. Erst lange nach der letzten Eiszeit, vor knapp 20 000 Jahren, schaffte sie den Durchbruch durch die Schotterterrassen der Endmoräne eines riesigen Gletschersees und fließt seither in einem großen, fast 300 km langen Nordostbogen quer durch Südbayern zur Donau. Trotz Verbauungsmaßnahmen und weitgehender Wassernutzung durch Kraftwerke bietet sie uns im Abschnitt südlich von München auf vielen Kilometer Länge das Bild eines Naturflusses; dank langjähriger Bemühungen von Umweltschutzorganisationen sucht sich wieder ganzjährig ihr glasklares, grünes Wasser seinen Weg zwischen großflächigen Kiesbänken. Hier nisten noch seltene Vogelarten, blühen seltene Blumen und flattern Schmetterlinge, die wir woanders nicht mehr sehen. Durch dieses Landschaftsschutzgebiet führt unsere Kanuwanderung.

Eine sichere Bootsführung wird von uns verlangt, wenn wir kurz nach der Staumauer des Sylvenstein-Speichers an der Straßenbrücke der B 13 einsetzen. Mit den schlanken Kajaks und Kanadiern hüpfen wir schnell über drei spritzige Querrippen, deren Befahrbarkeit bootstyp- und wasserstandsabhängig zu prüfen ist. Wir pendeln zwischen weiß leuchtenden Kiesbänken und nähern uns vorsichtig der senkrechten Prallwand. Der Hauptstromzug führt meist problemlos links am Rand des »Wandl's« vorbei. Rechts huscht vorbei der Zeltplatz bei Winkel, und kurz danach legen wir links vor dem Flecker-Fabrikwehr an, um hier umzutragen und dann weiter nach Lenggries zu treiben. Die sich bei jedem Hochwasser ändernden Kiesgeschiebe und Treibholzhaufen erfordern ein waches Auge für die beste Durchfahrt. An der folgenden zweiten Straßenbrücke finden wir auch eine gute Einsetzstelle. Zwei Kilometer weiter zwingt uns der berüchtigte Felskatarakt zum Ausstieg (links umtragen), doch nachher strömt die Isar ungehindert bis nach Bad Tölz, das mit einer farbenprächtigen Häuserfront seiner Altstadt und dem Kalvarienberg

△ *Spritzige Einlage am Isar-Naturwehr bei Lenggries.*

Anfahrt
Von München A 8, Ausfahrt Holzkirchen, weiter auf der B 13 über Bad Tölz, Lenggries zum Sylvenstein-Stausee.

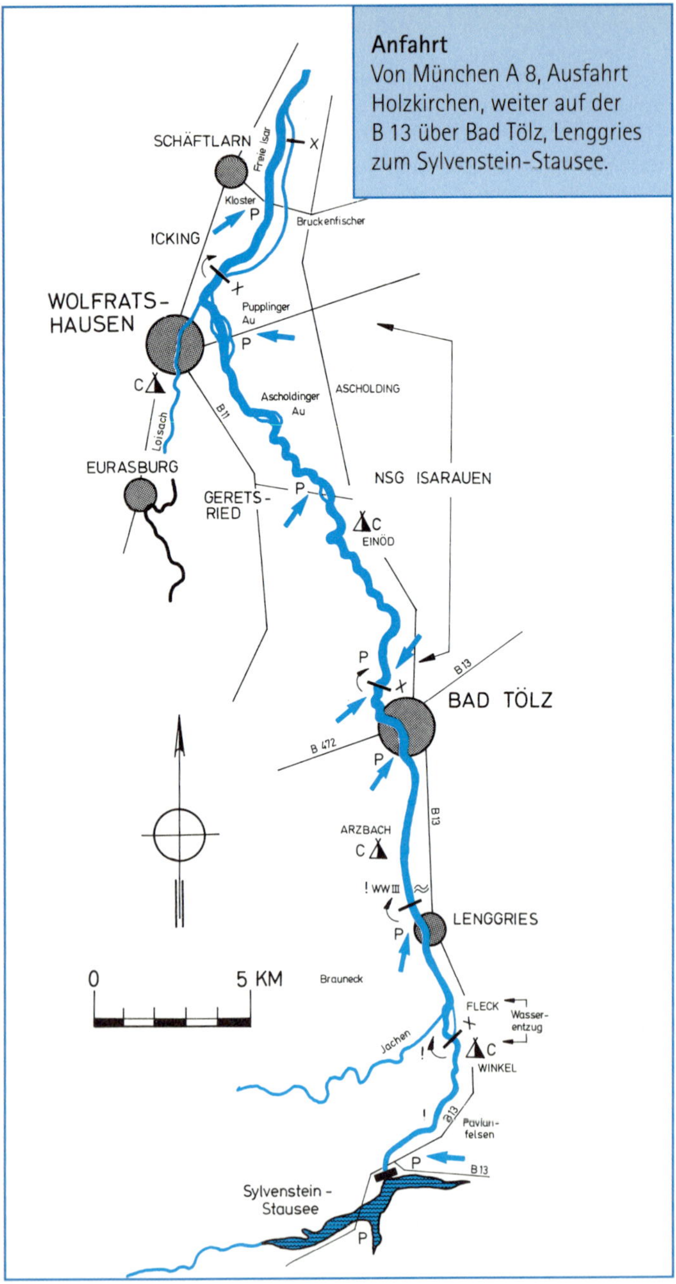

grüßt. Schon macht sich der Stau des Tölzer Wehres bemerkbar; am Wehr selbst erleichtert links eine Bootsrollbahn das Umtragen. Bald paddeln wir durch das erste Kerngebiet des NSG Isarauen, und wir sollten mit den Booten nicht unnötig auf Kiesbänken und Vogelschutzinseln anlanden oder diese gar betreten. Nur in Einöd, wo ein Zeltplatz und ein kanutenfreundliches Gasthaus locken, betreten wir das Ufer. Nachher teilt sich die Isar in mehrere Flussarme, doch wir verfolgen den Hauptstrom, da in den Nebenarmen oft angeschwemmte Baumleichen den Weg versperren. Die Fahrtroute erfordert hohe Aufmerksamkeit wegen der Baumverhaue und Büsche. Eine kurze, regulierte Strecke sagt Wolfratshausen an; rechts an der neuen Brücke finden wir eine Ausstiegstelle (200 m Parkplatz), links liegt der Floßbindeplatz. Hier starten die »Touristenflöße« zu ihren Tagesfahrten nach München. Wir paddeln weiter durch das NSG Pupplinger Au, von links schließt sich die Loisach an. Am Ickinger Wehr tragen wir links in die »Freie Isar« um, und vier Kilometer flussabwärts endet beim Gasthof Bruckenfischer unsere Tour. Am Parkplatz wartet schon das Auto, doch wir erfrischen uns noch im einladenden Biergarten und bewundern anschließend das Kloster Schäftlarn und seine Barockkirche. Die Weiterfahrt nach München ist möglich, aber durch Wehre, Umtragstellen und Kanalisierung getrübt. Die Durchfahrt durch die Landeshauptstadt ist gesperrt. Renaturierte Streckenabschnitte machen aber auch die nördlichen Isarabschnitte in Richtung Freising und zur Mündung in den Inn durchaus wieder lohnend.

▽ *Spritzig zeigt sich die Isar auch in der Ascholdinger Au.*

Charakter
Schneller, sportlicher Wanderfluss, teils noch recht ursprünglich im breiten Kiesbett fließend. Sauberes, kaltes Wasser. Bei niedrigem Wasserstand enge Durchfahrten und an Steilufern Prallwasser. Nach dem Fleck-Wehr oft Wasserentzug, dann lange Treidelstelle. Felskatarakt-Naturwehr in Lenggries nur mit Schutzhelm fahren (WW III). Zwischen Bad Tölz und Schäftlarn NSG Isarauen (auch bekannt als Pupplinger Au), hier Kiesinseln und Kiesbänke nicht betreten; Wegegebot. Derzeit wird das Isarbett unterhalb Icking ganzjährig mit 15 m^3/s Wasser versorgt – Möglichkeit einer Fahrt bis nach München.

Zeltmöglichkeiten
Camping Winkel, Arzbach bei Lenggries, Einöd, Wolfratshausen (an der Loisach), Mittenwald.

Sehenswertes
Lenggries: Tiroler Bauernhöfe, Hohenburg, Kalvarienberg, St.-Jakob-Kirche, Seilbahn auf das Brauneck!
Bad Tölz: Jodquellenbad, Altstadthäuser, Wallfahrtskapelle St. Leonhard (Kalvarienberg), Maria-Himmelfahrts-Kirche, Wellenbad »Alpamare«.
Wolfratshausen: Alte Bürgerhäuser, barockisierte Stadtpfarrkirche, NSG Pupplinger Au.
Schäftlarn: Benediktinerkloster, barocke Klosterkirche.

Auto nachholen
Busverkehr zwischen den größeren Orten ca. alle 2 Stunden; südlich Bad Tölz Richtung Sylvenstein aber nur 3 x täglich.

Karten, Literatur
Generalkarte 1 : 200 000 Blatt 25; 22; ADAC-Freizeitatlas Südliches Bayern 1:100 000.
Kanuwanderführer für Bayern; Deutsches Flusswanderbuch; Faltblatt: Naturschutzgebiet Isarauen – Landratsamt Bad Tölz-Wolfratshausen.

35 km

2-Tage-Fahrt

Eigentlich ist die Amper ein Fluss mit zwei Namen: Als Ammer springt sie spritzig durch die tiefen Schluchten der Ammergauer Berge und speist den lang gezogenen Ammersee, um ihn als ruhige Amper zu verlassen. Dem Charakter nach allerdings sind es zwei völlig verschiedene Flüsse. Die Ammer, bekannt als Mekka der deutschen Wildwasserfahrer, gehört mit ihren schäumenden Kaskaden zu den schönsten Alpengewässern. Ganz andere Reize zeigt die Amper, die am Yachthafen von Stegen den Ammersee verlässt und dann in einer ruhigen Strömung eine leicht hügelige Landschaft durchfließt, wobei sie viele kleine und größere Orte berührt. Auf Grund ihrer Lage vor den Toren Münchens wird sie zum Bade- und Urlaubsfluss vieler Erholungsuchender. Ab 15. Juli ist der Fluss durchgehend befahrbar und ein Kleinod für Kanuten, vor allem auch im Herbst.

Trotzdem ist die Amper nicht überlaufen; nur wenigen Kanufahrern begegnen wir auf dem Flussabschnitt bis nach Dachau, den wir als Wochenendwanderung heraussuchen. In Buch oder schon in Herrsching lassen wir die Boote ins klare Wasser und genießen die ruhige Paddelei entlang dem östlichen Seeufer. An Segelbooten vorbei, verlassen wir über eine kleine Grundschwelle in Stegen den See, um die ersten Kilometer durch ein völlig einsames Schilf- und Moorgebiet – das Ampermoos – zu paddeln. Nach Grafrath, dessen schöne Wallfahrtskirche uns von weitem grüßt, beginnt eine flotte, abwechslungsreiche Strecke mit kleinen Schwallen und Kiesbänken. An grünen Wald- und Wiesenufern vorbeiziehend, auf denen so manches Wochenendhäuschen der Erholung suchenden Münchner steht, erreichen wir Schöngeising. Der schlanke Sendeturm wetteifert hier mit der Zwiebelturmkirche; beide passen gut in diese historische Kulturlandschaft. Vor Fürstenfeldbruck fahren wir in einen aufgestauten See; auf kleinen Vogelinseln brüten Teichhühner und Stockenten, und nicht weit von hier liegt eine wunderschöne Badeanstalt am Fluss – ein Miteinander von Natur und Mensch ist hier beispielhaft möglich. Wir ziehen unter der Brücke mit dem Stadt-

△ *Durch das einsame Ampermoos ziehen die ersten Flusskilometer.*

Anfahrt
A 8 München–Stuttgart, Ausfahrt Dachau/Fürstenfeldbruck, auf der B 471, oder A 96 München–Lindau, Ausfahrt Inning, bis zum Ammersee.

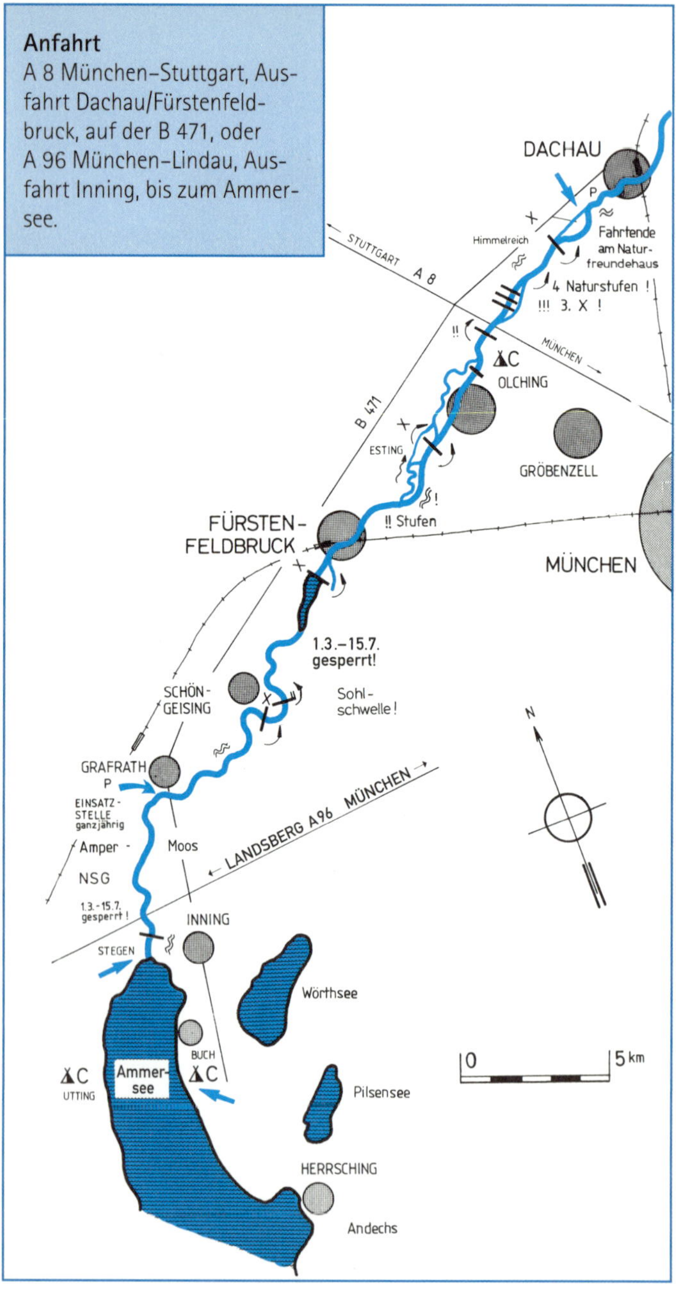

An der malerischen Schöngeisinger Zwiebelturmkirche vorbei geht unsere Amperfahrt.

wappen durch und lassen die Bürgerhäuser hinter uns. Die nächsten zwei Stufen können wir umgehen, indem wir in den linken Kanal hineinpaddeln, aber auch hier müssen wir ein kleines Wehr überwinden. Am folgenden Wehr vor Olching tragen wir bei niedrigem Wasserstand die Boote rechts in den Kanal hinein und paddeln durch die kleine, betriebsame Stadt. Bei ausreichendem Unterwasser bleiben wir links im alten Flussbett. Mit etwas Glück sehen wir den kleinen Eisvogel, der auch bei winterlichem Frost fischt. Sein Nest sieht aus wie ein Bündel Eiszapfen und ist aus Fischgräten in höchst kurioser Weise zusammengeflochten. Über mehrere Sohlschwellen und teils befahrbare Naturstufen geht die Fahrt weiter. Nach Kreuzen der Autobahnbrücke führt uns der mit Erlen und Ulmen gesäumte Fluss zum Ausstieg rechts am Wehr von Bergkirchen oder an der Brücke von Mitterndorf. Nur bei ausreichendem Wasserstand fahren wir weiter zum Naturfreundehaus in Dachau, das, auf einer Insel liegend, ein ideales Ziel unserer Kanuwanderung ist.

Charakter
Teilweise flotter, doch überwiegend ruhig fließender Wanderfluss, der durch eine farbenfrohe, stellenweise dichter besiedelte Hügellandschaft des Münchner Vorlandes führt. Bis Fürstenfeldbruck auch für weniger erfahrene Kanuwanderer mit Kunststoffbooten zu empfehlen. Schwierigkeiten bereiten die Gefällstufen und Wehre; diese sind jedoch teils beschildert und nicht schwer zu umtragen. Wasser sauber bis mäßig sauber. Das Ampermoos ist vom See bis Grafrath sowie von Schöngeising bis Fürstenfeldbruck Naturschutzgebiet und in der Zeit vom 1. März bis 15. Juli für Kanufahrer gesperrt. Ab Dachau erschweren viele unbefahrbare Wehre und Steilstufen eine Weiterfahrt.

Zeltmöglichkeiten
Am Ammersee in Buch und Utting; Camping am Olchinger See.

Sehenswertes
Ammersee: Spätbarocke Stiftskirche in Dießen, Kloster Andechs.
Grafrath: Wallfahrtskirche St. Rasso.
Fürstenfeldbruck: Klosterkirche Maria Himmelfahrt, Altstadt.
Dachau: Schloss, St.-Jakobs-Kirche, KZ-Gedenkstätte.

Auto nachholen
S-Bahn zwischen Grafrath und Fürstenfeldbruck, guter Busverkehr Fürstenfeldbruck-Dachau.

Karten, Literatur
Generalkarte 1 : 200 000 Blatt 22; ADAC-Freizeitatlas Südliches Bayern 1 : 100 000.
Kanuwanderführer für Bayern; Deutsches Flusswanderbuch.

28 und 12 km

2 Tagesfahrten

Die Iller, die als reizvoller Alpenfluss das ganze Ostallgäu entwässert, entsteht eigentlich erst in Oberstdorf durch den Zusammenfluss von drei bedeutenden Gebirgsbächen: der Breitach, Stillach und Trettach. Entlang der Hörnergruppe, zwischen Oberstdorf und Sonthofen, springt ihr klares, grünes, sauberes Wasser über weiße Kiesbänke. Wer spritziges Wasser liebt, aufmerksam und geübt ist, kann ab Fischen ein Teilstück sportlich erfahren. Die Standard-Einsatzstelle hinter Sonthofen an der Marienbrücke vermeidet zwei meist befahrbare Wehre. Unter dem Grünten, der mehr als 1000 Höhenmeter über den Fluss aufragt, nimmt die Iller die Ostrach auf, und nach Immenstadt durchfließt sie eine noch ursprüngliche Flusslandschaft zwischen bewaldeten Hügeln. Nach einer wunderbaren Schleife um die Ausläufer des Rottachberges erreicht sie Martinszell, wo das einzige unbefahrbare Wehr unserer ersten Wanderetappe liegt. Entlang einem lang gezogenen Moränenrücken,

△ *Mit den Oberstdorfer Bergen im Rücken erreichen wir die Ostrachmündung bei Sonthofen.*

▽ *Spritzig wird es am geschleiften Gstader Wehr, doch es ist glatt befahrbar.*

Anfahrt
A 7 Ulm–Kempten, weiter auf der B 19 nach Sonthofen.

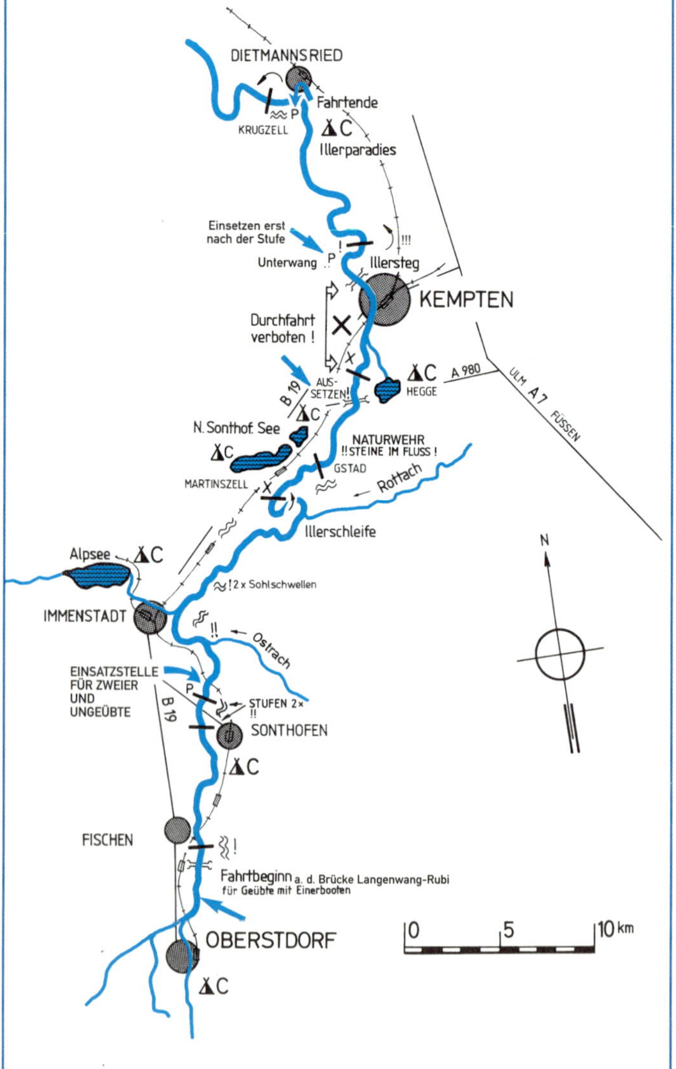

hinter dem sich die verträumte Untersonthofener Seenlandschaft versteckt, strömt die Iller noch immer recht flott auf das malerisch liegende Kempten zu. Hier beenden wir unsere Etappe an der Autobahnbrücke rechts.

Auf der zweiten Etappe zwischen Kempten-Unterwang und Krugzell (wir setzen erst nach der gefährlichen Stufe ein, Zufahrt beim Flößerhäusle, hinunter zu einer Kleingartenanlage) gräbt sich der Fluss auf einem noch lohnenden Teilstück tief in die Schotterterrassen ein und überrascht uns immer wieder mit neuen Landschaftsbildern. Doch nach der eindrucksvollen Krugzeller Schleife ist die Iller verbaut, aufgestaut und von E-Werken genutzt. Hohe Wehre und sehr schwierige Umtragestellen erschweren die Weiterfahrt bis zur Stauanlage Altusried.

Charakter

Ein herrlicher Wanderfluss, mit Einerbooten schon vor Fischen bei Oberstdorf, mit Zweiern ab Sonthofen (Parkplatz a. d. Marienbrücke) bis kurz vor Kempten gut befahrbar. Durchfahrt durch die Stadt nicht möglich. Unterhalb von Kempten noch lohnende Halbtagesetappe bis Krugzell. Hier Fahrt an der neuen Straßenbrücke (Treppe rechts) beenden. Im Frühling bei Schneeschmelze führt der Fluss riesige Wassermengen; beste Zeit für eine Wanderfahrt erst ab Mitte Juni bis zum Herbst. In der ersten Etappe glasklares, eiskaltes grünes Wasser; unterhalb Kempten lässt die Wasserqualität nach. Die Naturstufen bei Sonthofen sind bei gutem Wasserstand für Geübte befahrbar; weniger erfahrene Paddler tragen um. Am Wehr in Martinszell gut beschilderte, kurze Umtragestelle mit ca. 100 m Treidelstrecke. Viele Kiesbänke, kleine Schwalle und die zügige Strömung gestalten eine abwechslungsreiche, sportliche Wanderfahrt. Pkw-Begleitung nur teilweise möglich.

Zeltmöglichkeiten

Campingplatz Sonthofen; Immenstadt am Alpsee; Niedersonthofener See; Illerparadies bei Kempten.

Sehenswertes

Sonthofen: Allgäuer Heimatmuseum.

Kempten: Rathaus, Stadtkirche, Schloss, Brunnen, Bürgerhäuser.

Auto nachholen

Regelmäßige Bahnverbindungen zwischen Oberstdorf und Dietmannsried. Fernradwanderweg auf dem Illerdamm.

Karten, Literatur

Generalkarte 1 : 200 000 Blatt 25, 24; ADAC-Freizeitatlas Südliches Bayern 1 : 100 000. Kanuführer für Südwestdeutschland; Kanuwanderführer für Bayern.

Schussen 18

25 km

1–2-Tage-Fahrt

In dem ausgedehnten Moorgebiet südlich von Bad Schussenried entfließt dem Schwaigfurter Weiher die Schussen. Sie läuft zunächst durch ausgedehnte Feuchtwiesen und Wälder, später in einem breiten Tal durch die leicht hügelige oberschwäbische Moränenlandschaft in südlicher Richtung zum Bodensee. Auf ihrem ca. 60 km langen Weg berührt die Schussen zwei kulturelle Höhepunkte: zuerst Kloster Weingarten mit dem größten Barockkirchenbau Schwabens und anschließend die ehemalige freie Reichsstadt Ravensburg, eine alte Handelsstadt, die bis in das 16. Jahrhundert den europäischen Tuchhandel beherrschte.

Im Angesicht der gut erhaltenen Stadtmauer mit vielen Türmen und Toren setzen wir im Ravensburger Ortsteil Weißenau unsere Boote in das rot-braune Moorwasser des Flüsschens. In einem flachen Tal, das die Gewässer in den eiszeitlichen Schotterhügeln ausspülten, paddeln wir bei munterer Strömung über kleine Stufen und harmlose Schwalle durch ausgedehnte Kirsch- und Apfelbaumplantagen, die mit Hopfenanbauflächen wechseln. Die schönste Fahrt erleben wir im Frühling, wenn die Landschaft ein einziger blühender Garten ist. Nur zwei Steinwurfwehre müssen wir bewältigen; sie sind bei niedrigem Wasserstand jedoch leicht zu um-

△ Eriskirch mit seiner Wallfahrtskirche liegt am Rande des ausgedehnten Naturreservats.

◁ Im »Zweier« ohne jegliche wassertechnische Schwierigkeiten unterwegs auf kleiner Fahrt.

Anfahrt

Von Ulm auf der A 7/A 96 bis Wangen-West, dann B 32 nach Ravensburg; oder A 81 Stuttgart–Singen, weiter B 31 nach Friedrichshafen und B 30 nach Ravensburg.

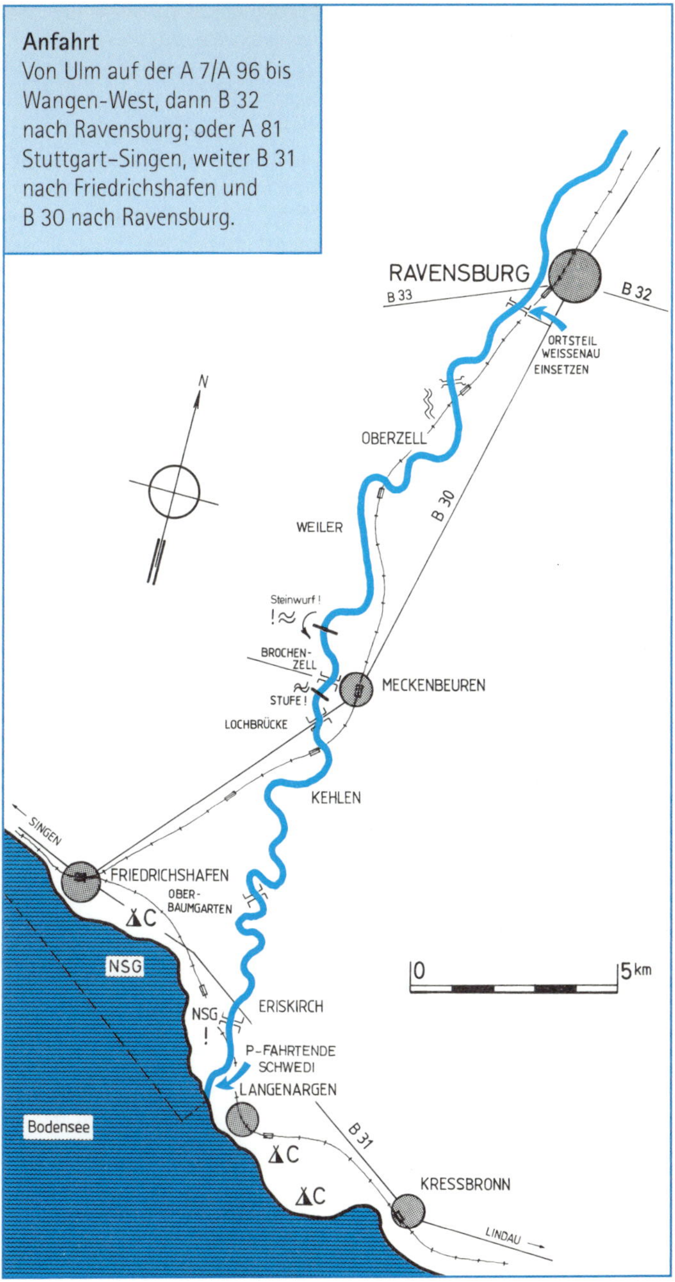

gehen. Wir unterqueren mehrere alte, überdachte Holzbrücken, wie in Oberbaumgarten und Eriskirch. Hier verlässt dann das Flüsschen die wellige Gartenlandschaft und tritt, umsäumt von uralten Weiden und Erlen, in ein ausgedehntes Schilfgebiet, das Eriskircher Ried, ein. Seltene Vögel beleben die Flussufer. Und man muss kein Ornithologe sein, um sich von dieser wunderbaren Welt der verschiedensten Vogelarten begeistern zu lassen. Formen, Farben und der eindringliche Gesang unterschiedlichster Singvögel machen diesen Flussabschnitt zu einem ganz besonderen Kanuerlebnis.

Uns leise verhaltend, paddeln wir durch das streng geschützte Naturreservat (Anlanden nicht erlaubt!). Vor der Mündung in den Bodensee, beim Langenargener Ortsteil Schwedi, genießen wir bei gutem Wetter den fantastischen Blick auf das Alpenpanorama, das unglaublich nah über dem Seewasserspiegel schwebt. Am Bootssteg des Yachtclubs beenden wir unsere Fahrt; ein Parkplatz vor dem Clubgelände ermöglicht das Abstellen der Autos.

Charakter

Zuerst flotterer, später langsam fließender kleiner Wiesen- und Waldfluss. Ohne jegliche wassertechnische Schwierigkeiten; ab Ravensburg mit Einern ganzjährig befahrbar. Zweier-Kunststoffboote nur bei gutem Wasserstand im Frühling zu empfehlen. Im Naturreservat Eriskircher Ried ist das Anlanden verboten; teilweise militärisches Sperrgebiet. Beim Anlanden am Yachtclub um Erlaubnis bitten. 200 m links von der Flussmündung am See ebenfalls günstige Abbaumöglichkeit – Zutritt vom Seeufer.

Zeltmöglichkeiten

Campingplätze am Bodensee zwischen Kressbronn und Friedrichshafen.

Sehenswertes

Weingarten: Benediktinerkloster mit monumentaler Barockkirche.
Ravensburg: Stadtmauern, Tortürme (Mehlsack, Blaserturm), Patrizierhäuser, Veitsburg-Schlösschen (u. v. a.).
Eriskirch: Gotische Marien-Wallfahrtskirche, überdachte Holzbrücke.
Friedrichshafen: Zeppelinmuseum.

Auto nachholen

Regelmäßige Verbindungen mit der Bahn zwischen Ravensburg und Langenargen.

Karten, Literatur

Generalkarte 1 : 200 000 Blatt 24, 25; 1 : 100 000; KOMPASS-Wanderkarte 1 : 50 000 Blatt 1b, 1 : 75 000 Blatt 1c.
Kanuführer für Südwestdeutschland; Kanuführer Württemberg.

30 km

2–3-Tage-Fahrt

Tief im harten Muschelkalkgestein eingegraben windet sich der Neckar in seinem Oberlauf durch eine reizvolle Landschaft zwischen Schwarzwald und Schwäbischer Alb. Das hier noch wenig bebaute, vielerorts noch ursprüngliche grüne Tal und das verhältnismäßig saubere Wasser lassen nicht ahnen, was für ein industrieller Kanal der Neckar unterhalb von Plochingen bei Stuttgart geworden ist. Ab Rottenburg bis Plochingen ist der Fluss wegen der E-Werke und des dadurch mühsamen Umtragens der Stauwehre nicht zu empfehlen.

Für eine 2- bis 3-tägige Wanderfahrt bietet sich der Flussabschnitt zwischen Sulz und Rottenburg an. Bei mittlerem Wasserstand können wir auch mit Zweier-Faltbooten fahren. Bei der alten steinernen Löwenbrücke in Sulz steigen wir in die Boote; doch nach kurzer Zeit müssen wir wieder heraus und die Kanus rechts um das 4 m hohe Wehr schleppen. Aber danach folgt bis Horb eine schöne Strecke mit flotter Strömung, die nur durch ein schräges Wehr in Fischingen und zwei bei Hochwasser (Rücklauf!) gefährliche Sohlschwellen unterbrochen wird. In großen, regelmäßigen Flussschlingen fahren wir an typischen Umlaufbergen vorbei. Rechts oben blickt die Burgruine Wehrstein, die früher die alte Neckartalstraße beschützt hat, ins Tal. In Horb, einer malerischen Kleinstadt mit sehenswertem Rathaus, Stiftskirche und schmucken Fachwerkhäusern, erwarten uns zwei gefährliche Wehre, die wir am besten mithilfe eines Bootswagens rechts umgehen. Auch vom Unterwasser her dürfen wir wegen des starken Rücklaufs keinesfalls einfahren! Beim Hallenschwimmbad finden wir eine gute Einsatzstelle für Tagesfahrten nach Sulzau oder Rottenburg. Vorher probieren wir noch vom bitteren Mineralwasser, das nicht weit von hier aus der Erde sprudelt. In lustigen Schwallen trägt uns der Neckar dann an mehreren kleinen Orten vorüber. Eine zerfallene Stufe bereitet den Anfängern etwas Sorgen, doch vorsichtig wird die Durchfahrt gemeistert. Das Wehr in Mühlen ist nach Besichtigung mit leeren Booten im Knick befahrbar. Es macht Spaß, mit den Kajaks die schäumenden Wel-

△ *Der Neckar windet sich durch eine reizvolle Landschaft.*

Anfahrt
Über die A 81 Stuttgart-Singen, Ausfahrt Sulz oder Horb.

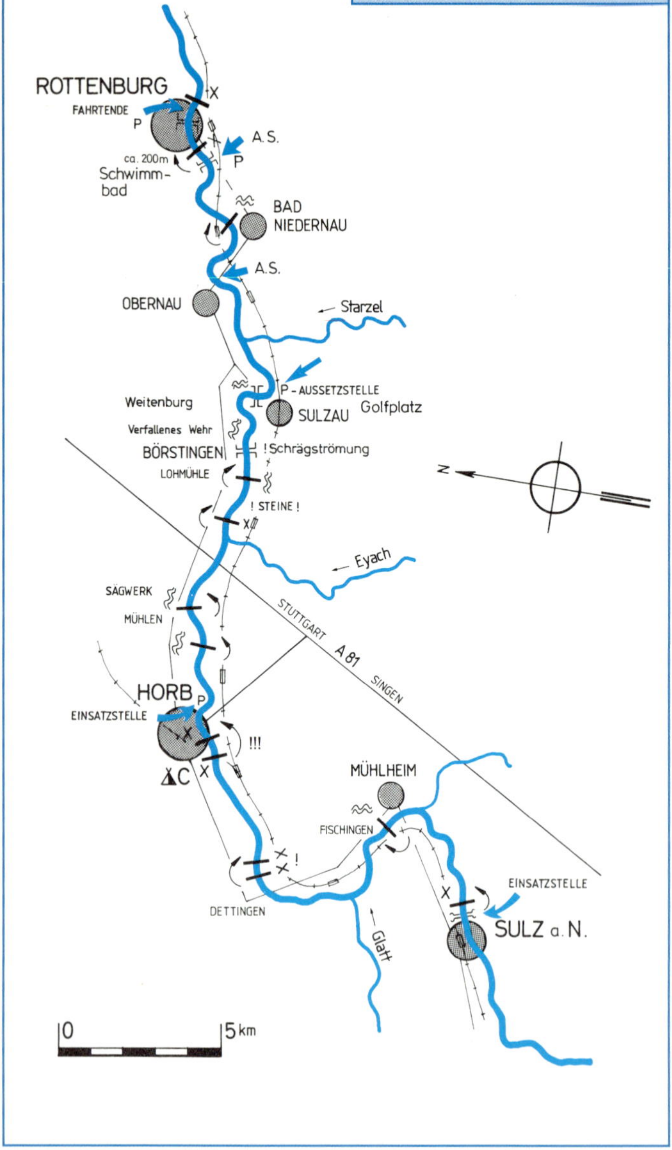

Lustige Badepause bei einer Vereinsfahrt auf dem Neckar bei Horb.

len zu durchschneiden. Hoch über dem Tal zeigt sich bald die schlanke Betonbrücke der Autobahn Stuttgart–Singen, die wir unterqueren. Es folgen muntere Schwalle, kleine Kiesbänke. Rechts mündet die Eyach – im Frühling ein toller Wildbach – in den Neckar. Am Wehr tragen wir links um, im Unterwasser zwingt manchmal der niedrige Wasserstand zum Aussteigen und Treideln. Bald wird das Wasser tiefer, ruhiger, und am alten, niedrigen Lohmühlewehr machen wir eine wohlverdiente Vesper- und Badepause. Auf warmen Kieselsteinen aalen wir uns faul in der Sonne; die Kinder spielen im Wasser. Dann geht es weiter. Unter der Börstinger Brücke wartet ein tückischer Schwall. Links oben am Berg grüßt Schloss Weitenburg, und die bewaldeten Hänge treten bis an den Fluss heran. Noch ein zerfallenes, mit etwas Vorsicht befahrbares Wehr, und nach einer scharfen Kehre kommt Sulzau, wo ein großzügiger Golfplatz angelegt wurde. Vor der Brücke legen wir an. Ein Kinderspielplatz, Schatten spendende Kastanienbäume und ein einladendes Wirtshaus locken zum Verweilen. Anfänger beenden hier meistens die Wanderfahrt. Im weiteren Verlauf erwartet uns noch eine abwechslungsreiche Strecke. Nach dem Rottenburger Schwimmbad zwingt uns die neue, mächtige Wehranlage noch mal zum Umtragen der Boote. Linksufrig angelegte Treppen erleichtern das Ein- und Aussteigen. Mit ruhigen Paddelschlägen fahren wir an der farbenfrohen Häuserkulisse der Bischofsstadt Rottenburg entlang und beenden bei den Parkplätzen der Uferpromenade vor dem Wehr unsere Neckartour.

Charakter

Im beschriebenen Abschnitt leichter Wanderfluss mit gelegentlichen Schwallen. Mehrere befahrbare oder leicht zu umtragende Wehre. An beiden Sohlschwellen unterhalb Fischingen wegen gefährlicher Sogbildung und an den beiden Wehren in Horb (Bootswagen sehr empfehlenswert) Boote umtragen. Ab Horb für alle Bootstypen fast ganzjährig befahrbar. Pkw-Begleitung durchgehend möglich. Nur in kleinen Gruppen fahren (Selbstbeschränkung!). Günstige Aussetzstelle gegenüber dem Rottenburger Schwimmbad, um das Umtragen am Wehr zu vermeiden (mühsam, ca. 200 m).

Sehenswertes

Sulz a. Neckar: Löwenbrücke, römische Kastelle.

Horb: Rathaus, Stiftskirche, Schütteturm, Stadtmauer, Giebelhäuser.

Rottenburg: Bischofssitz, Dom, Rathaus, Kloster, alter Stadtkern.

Auto nachholen

Regelmäßige Verbindungen mit Bahn und Bus zwischen Sulz und Rottenburg.

Karten, Literatur

Generalkarte 1 : 200 000 Blatt 21; ADAC-Freizeitatlas Baden-Württemberg 1 : 100 000; topogr. Karte 1 : 50 000 Baden-Württemberg Blatt L 7518, L 7516, L 7716. Kanuführer für Südwestdeutschland; Deutsches Flusswanderbuch; Kanuführer Württemberg.

20 km

Tagesfahrt

Eines der schönsten Täler des nördlichen Schwarzwaldes ist das Nagoldtal. Dank seines Verlaufs ist es vom Licht durchflutet und wirkt heiter, auch wenn es tief im Buntsandstein eingeschnitten und von hohen Bergen umsäumt ist. Wie aufgefädelte Perlen reihen sich die kleinen, aber sehenswerten Orte – Altensteig, Nagold, Wildberg, Calw und andere – an der grünen Nagold. Alte Fachwerkhäuser, steinerne Brücken und Kirchen spiegeln sich im Wasser des Flusses. Oben, in der Nähe der Quellbäche, hat man eine Talsperre gebaut; heute vergnügen sich hier Segler und Surfer. Unentwegte Wildwasserfans befahren die Nagold schon ab Altensteig; doch für uns Wanderfahrer wird der Fluss erst ab Hirsau interessant. Am Sportplatz neben der alten Steinbrücke machen wir die Boote startklar. Eine schnelle Strömung nimmt uns auf, und wir verschwinden in einem Tunnel von überhängenden Bäumen, die den Fluss oft von der Umgebung abschirmen. In Ernstmühl ist das erste Wehr. Die Zweier sind links zu umtragen, die Einer-Kajaks rutschen bei gutem Wasserstand über die Wehrkrone ins Unterwasser. Leichte Wellen schaukeln die Boote weiter durch die grüne Röhre. Vor Bad Liebenzell gibt es zwei Sohlschwellen, nur 300 m voneinander entfernt und mit Vorsicht zu befahren (Faltboote umtragen!). Tafeln machen auf die Umtragestellen aufmerksam. Anschließend geht die Reise weiter durch den Kurpark, wo die Nagold teils renaturiert wurde – hier warten kleine Sohlschwellen mit Durchfahrten. In der Zeit vom 1. 3. bis 31. 8. setzen wir erst an der Brücke unterhalb Bad Liebenzell ein; am Parkplatz stellen wir die Autos ab. Bald nähern wir uns der Mündung des Monbachtales. Es folgt eine alte Fußgängerbrücke, unter ihr ein restauriertes Wehr. Zwischen den zwei Brückenpfeilern jagt das Wasser in die Floßgasse; doch diese ist nicht immer offen und dann heißt es umtragen. Das Tal wird breiter, die Ufer werden niedriger, und an den Gärten der kleinen Ortschaft Dennjächt vorbei erreichen wir Unterreichenbach. Das Wehr ist bei gutem Wasserstand in der Rinne befahrbar, ansonsten rechts problemlos zu umtragen, genauso wie zwei andere,

△ *Im Herbst wird die Nagold zum »Goldenen Fluss«.*

Anfahrt

A 8 Stuttgart–Karlsruhe, Ausfahrt Pforzheim nach Calw; oder A 81 Stuttgart–Singen, Ausfahrt Herrenberg, auf der B 296 nach Calw.

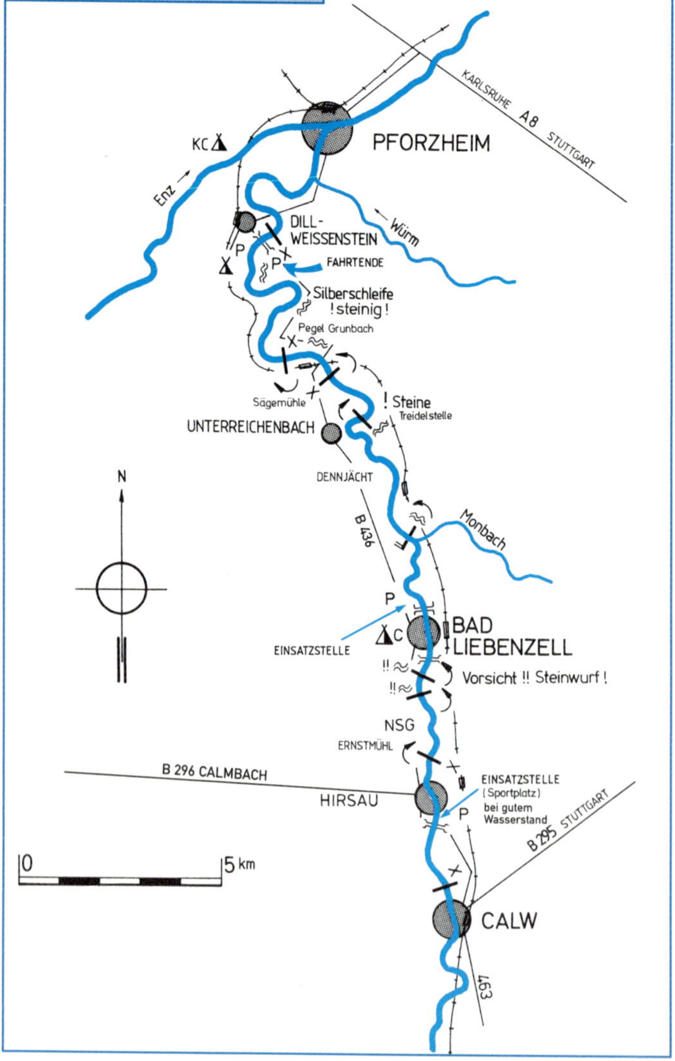

die noch auf uns warten. Manchmal fehlt es an Wasser, das Wort »Wasserwanderung« trifft dann wortwörtlich zu. Es folgt die sportlich schönste Passage unserer Kanufahrt. Der Fluss schlängelt sich an kleinen Inseln vorüber, ein paar tückisch im Flussbett verstreute Steinbrocken warten auf den Faltbootfahrer. Nach der langen Schwallstrecke in der Silberschleife taucht bald unser Ziel, die große Spielwiese links bei Dillweißenstein, auf. Wir beenden hier die Fahrt. Es wird gegrillt, Ball gespielt und gebadet. Manche fahren noch 2 km weiter bis zur neuen Brücke im Städtchen und legen erst dort an der Steinrampe an.

△ *Am Wehr in Unterreichenbach hilft man sich beim Herüberschieben der Boote.*

Charakter
Flotter Mittelgebirgsfluss mit sauberem Wasser; ohne nennenswerte Schwierigkeiten ganzjährig befahrbar. Geeignet für alle Bootstypen; für Faltboote nur bei gutem Wasserstand. Am Steg zum Monbachtal Floßgasse – sehr spritzig! Sohlstufen vor Bad Liebenzell durch Steinwurf entschärft – anschauen! In Dillweißenstein rechts vor der Brücke Anlegerampe mit Parkplatz. Empfohlener Pegel > 75 cm, Telefon: 07051/30386.

Zeltmöglichkeiten
Camping in Altensteig; Wildberg; Bad Liebenzell; Zeltwiese bei Dillweißenstein.

Sehenswertes
Erzgrube: Talsperre.
Altensteig: Fachwerkhäuser.
Nagold: Stadtkern, Burg Altnagold.
Calw: Brücke mit Kapelle, Rathaus, Kirche, Stadtkern.
Hirsau: Benediktinerkloster (11. Jh.), im Juni/Juli Hirsauer Klosterspiele.
Bad Liebenzell: Burg, Thermalbad.
Pforzheim: Stadt mit alter Goldschmiedetradition.

Auto nachholen
Regelmäßige Verbindungen mit Bus und Bahn zwischen Hirsau und Dillweißenstein.

Karten, Literatur
Generalkarte 1 : 200 000 Blatt 21; ADAC-Freizeitatlas Baden-Württemberg 1 : 100 000; topogr. Karte 1 : 50 000 Baden-Württemberg Blatt L 7118, L 7318.
Kanuführer für Südwestdeutschland; Kanuführer Württemberg.

46 km

2–3-Tage-Fahrt

Durch die dunklen Wälder des nördlichen Schwarzwaldes springt die Enz, schäumend und spritzend im verblockten Flussbett als köstliches, sportlich sehr anspruchsvolles Wildwasser, dem im Frühling die besten Kanufahrer aus der weiten Umgebung ihre Referenz erweisen. Westlich von Pforzheim wird sie ruhiger und sägt in ausgeprägten Umlaufschleifen die Muschelkalkplatte des Weinlandes zwischen dem Stromberg und Neckar durch. Eindrucksvolle mittelalterliche Stadtsilhouetten säumen die Ufer der Enz, und Rebenhänge gestalten zusammen mit Laubwäldern die Flusslandschaft. Wieder tauchen wir ein in die wohltuend einfache Welt des Kanuwanderns. Wenn wir auf dem Fluss sind, vergessen wir mit dem ersten Paddelschlag die Komplikationen unserer Zivilisation. Unter den Brücken stehen zur großen Freude der Angler Forellen, und durch die Schlosswiesen bei Roßwag spazieren Fischreiher.

Einen idealen Einsatzort für unsere Kanuwanderung finden wir in Mühlacker auf der Uferwiese unterm Mühlhof-Parkplatz. Hier können wir ungestört unsere Vorbereitungen treffen und die Boote zu Wasser lassen. In einer lang gezogenen Rechtskehre trägt uns die Strömung an der Stadtparkpromenade vorüber. Enten und Gänse gründeln im seichten Wasser, hohe Weiden und Pappeln begleiten den Flusslauf. Leider können wir wegen einer Wasserableitung die landschaftlich beeindruckende Mühlhausener Schleife nur bei gutem Wasserstand durchpaddeln. Im Hochsommer müssen wir treideln oder die Kanus mit dem Bootswagen ca. 550 m weit über den Umlaufberg karren und beim E-Werk

△ *Die Enz ist landschaftlich sehr ansprechend und wenig reguliert.*

◁ *Vor der eindrucksvollen Stadtkulisse von Besigheim.*

Anfahrt
A 81 Stuttgart–Heilbronn, Ausfahrt Pleidelsheim, nach Bietigheim; A 8 Karlsruhe–Stuttgart, Ausfahrt Pforzheim-Ost, auf der B 10 nach Mühlacker.

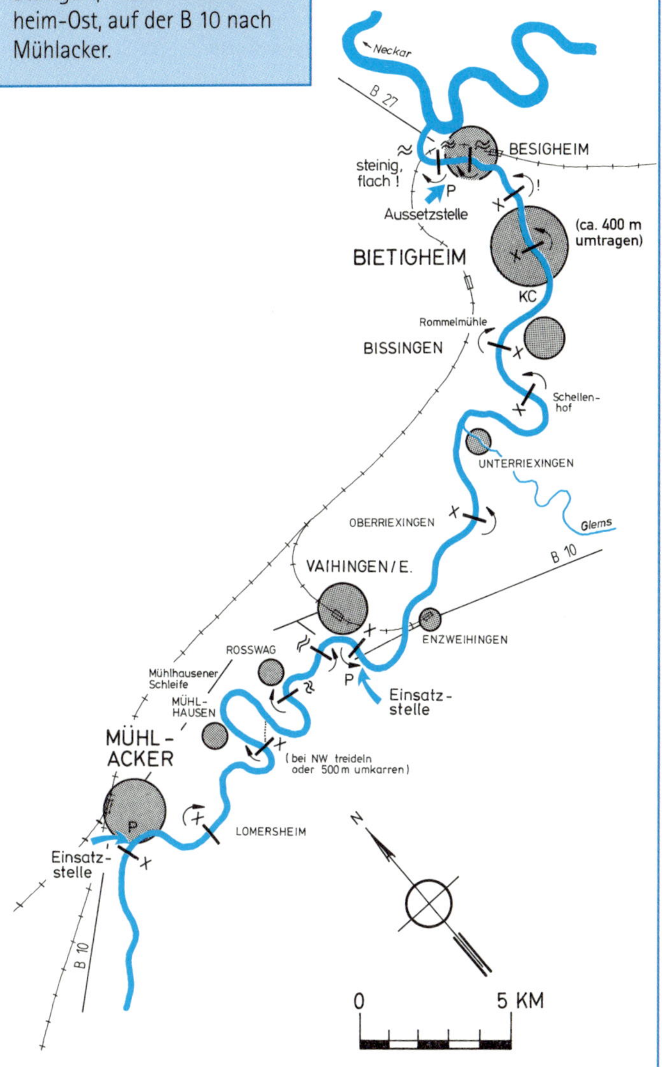

wieder einsetzen. Manche schrägen Enzwehre sind auch für Kunststoff-Zweier befahrbar, etwaige Umtragestellen sind nur kurz. Am unbefahrbaren Klappenwehr bei Vaihingen keinesfalls von unten an den Rücklauf heranfahren! Gefährlicher Sog! Zwischen Vaihingen und Bietigheim folgen noch drei eventuell befahrbare Wehre. Dann noch ein Wehr, das rechts umtragen oder bei passablem Wasserstand befahren werden kann. Es folgt noch eine schöne Fahrt entlang der romantischen Stadtkulisse von Besigheim. Nach zwei niedrigen Wehren mündet die Enz schließlich in lustig hüpfenden Schwallen unterhalb der Stadt in den Neckar.

Charakter
Landschaftlich sehr ansprechender, wenig regulierter, mäßig schnell fließender Wanderfluss. Bei mittlerem Wasserstand ab Mühlacker mit allen Bootstypen befahrbar; bei Faltbooten Vorsicht auf Steine in der Mühlhausener Schleife und nach den Wehren! Bei Hochwasser an einigen Wehranlagen gefährliche Rückläufe. Außer diesen Wehranlagen, vor denen man rechtzeitig anlegen sollte, keine wassertechnischen Schwierigkeiten, somit auch für weniger erfahrene Kanufahrer geeignet. Mäßig sauberes Wasser, sehr fischreich.

Zeltmöglichkeiten
Nach Anfrage bei Sportplätzen am Fluss, beim KC Bietigheim.

Sehenswertes
Besigheim: Am Felssporn lang gezogene Altstadt, spätgotisches Rathaus, Staufer Rundtürme, Brunnen, evangelische Kirche mit 13 m hohem Schnitzaltar.
Bietigheim: Enzviadukt, Altstadt, Rathaus, japanischer Garten, 1. Septemberwoche Pferdemarkt.
Bissingen: Ruine Elisenberg.
Unterriexingen: Friedhofskirche, ehem. Wasserburg.
Oberriexingen: Wehrkirche mit Haubenturm, römisches Weinmuseum.
Vaihingen: Schloss Kaltenstein, Pulverturm, Rathaus.
Roßwag: Bekannter Weinort, alte Fachwerkhäuser, Martinskirche.
Mühlhausen: Weinort, Schloss, einmalige Flussschleife mit Felsenhängen und Weinbergen.
Mühlacker: Burgruine Löffelstelz.

Auto nachholen
Regelmäßige Verbindungen zwischen Mühlacker und Besigheim/Vaihingen.

Karten, Literatur
Generalkarte 1 : 200 000 Blatt 18; ADAC-Freizeitatlas Baden-Württemberg 1 : 100 000; topogr. Karte Baden-Württemberg 1 : 50 000 Blatt L 7118, L 7120.
Kanuführer für Südwestdeutschland; Deutsches Flusswanderbuch; Kanuführer Württemberg.

85 km

Ferienfahrt

Bald durch ein schmales, mit hellen Laubwäldern umsäumtes, gewundenes Tal in kleinen Schwallen glucksend, bald durch blühende Wiesen und in regelmäßigen Schleifen mäandernd, unter Weinbergen und an kleinen Orten vorüberfließend, eilt der Kocher von seiner Quelle unterm Volkmarsberg zwischen Limpurger Bergen und Meinhardter Wald durch die alte Salzstadt Schwäbisch Hall in nördliche Richtung. Bei Kocherstetten vollführt er eine Linksschleife und nimmt weiter seinen Lauf durch eine stille, besinnlich stimmende Landschaft, um fast gleichzeitig mit seiner Nachbarin, der Jagst, bei Bad Friedrichshall den Neckar zu erreichen. Der Kocher ist ein ausgesprochener Wanderfluss, der keine Überraschungen oder Tücken birgt. Die etlichen schrägen Schusswehre sind nur niedrig und bereiten bei normalem Wasserstand beim Umtragen oder eventuellem Befahren keine Schwierigkeiten. Nur bei dem hohen Buchenmühle-Wehr, dem großen Walzenwehr in Künzelsau und der Pegelschwelle in Stein (starker Rücklauf!) müssen wir die Boote links ca. 100 m weit umtragen. Bei gutem Wasser im Frühling fahren wir ab Schwäbisch Hall bei der Steinbacher Brücke unterhalb der mächtigen Comburg, eines befestigten romanischen Klosters. Sie bietet vom Fluss aus ein einmaliges mittelalterliches Stadtpanorama; drei Umtragestellen nehmen wir dafür gerne in Kauf. Am nächsten, unbefahrbaren Wehr unterhalb der Stadt wird so viel Wasser abgeleitet, dass die folgende Strecke bis Untermünkheim nur bei hohem Wasserstand im Frühling befahrbar ist. Ganzjährig können wir ab Untermünkheim-Haagen fahren; auch für weniger erfahrene Paddler ist es besser, erst dort einzusetzen. Im flotten Tempo geht es durch das stille, wenig besiedelte Tal. Eine S-Kurve wartet mit einem nach rechts ziehenden Schwall. Beim gemütlichen Marktflecken Geislingen nimmt der Kocher den kleinen Wildbach Bühler auf. Hier schwebt über uns die Kochertalbrücke, deren schlanke Betonpfeiler eine schwindelerregende Höhe von 185 m erreichen. Am Naturschutzgebiet Grimbachmündung liegt links ein grauer, felsenartiger Keuperhang. Bald nähern wir uns,

△ *An der steinernen Brücke in Kocherstetten.*

Anfahrt
A 6 Heilbronn–Nürnberg, Ausfahrt Kupferzell, weiter B 19 nach Schwäbisch Hall; oder A 81 Heilbronn–Würzburg, Ausfahrt Neuenstadt.

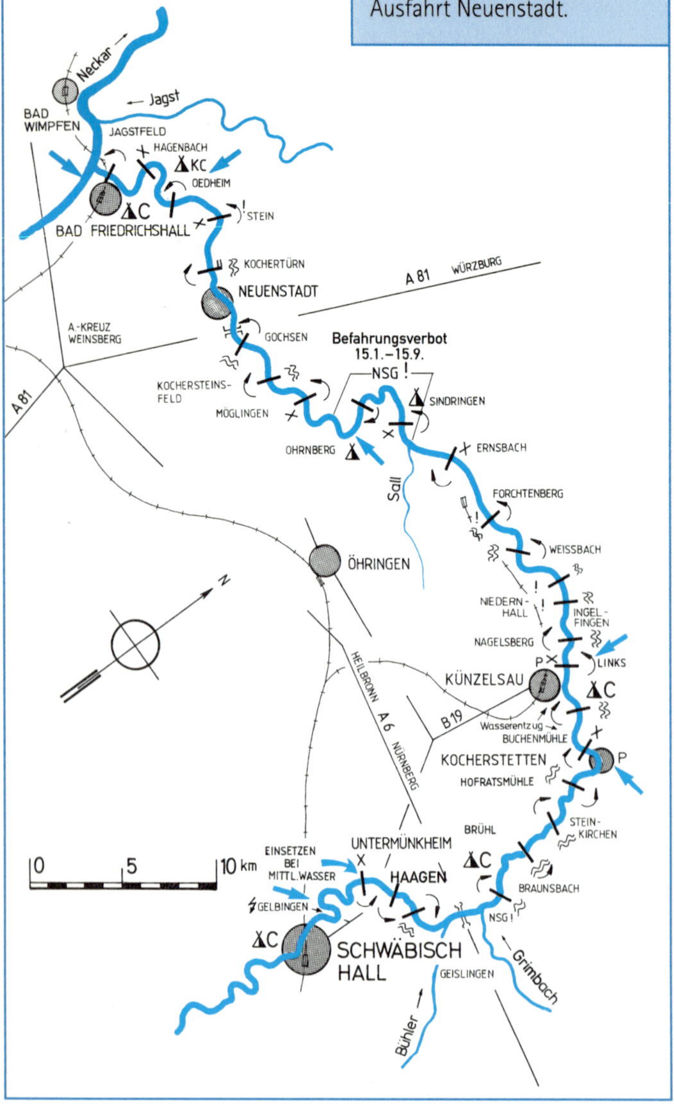

Bei gutem Wasserstand können wir die alte Salzstadt Schwäbisch Hall vom Fluss aus bewundern.

in leichten Wellen schaukelnd, dem Ort Braunsbach. Immer wieder sehen wir Milane, Bussarde und Fischreiher durch die Lüfte kreisen. Das Tal wird noch freundlicher; blühende Obstbäume leuchten im Frühjahr von den grünen Hängen. Niedrige Ufer säumen den Fluss, wenn wir das halbrunde Schusswehr in Steinkirchen erreichen. Die Einer fahren drüber, und bald sind wir an der Flussbiegung in Kocherstetten. Unterhalb der Pegelschwelle bei der schönen Steinbrücke legen wir rechtsufrig an und besichtigen das hoch am Berg liegende Schloss Stetten. Tiefer und tiefer schneidet sich der Fluss in das Tal hinein; es wird enger. Bei Künzelsau reichen die Hänge bis an die Ufer. Das lebhafte Städtchen mit dem alten Fachwerkrathaus und dem rot leuchtenden hohenlohischen Schloss verdient einen Aufenthalt. Weiter flussabwärts weichen die Hänge wieder zurück, und rechtsufrig begleiten uns die ersten Weinberge. Links unter einem steilen Burghang klebt die pittoreske Kleinstadt Forchtenberg mit ihren terrassenförmig ansteigenden Gassen, schönen Fachwerkhäusern und Loggien an der Stadtmauer. Nach dem flachen Winkelwehr wird es im Tal wieder stiller; über mehrere Kilometer hinweg liegt keine Siedlung am Fluss. Die Berghänge werden flacher, der

Fluss träger. Noch ein Höhepunkt: Weithin sichtbar thront auf dem rechten Kocherufer gegenüber Neuenstadt das Renaissanceschloss Bürg. Unsere Kanuwanderung können wir günstig am Bootshaus des Oedheimer Kanu-Clubs beenden. Oder wir fahren bis zur Mündung nach Bad Friedrichshall, wo eine Besichtigung des wirklich sehenswerten Salzbergwerks die Tour abschließt.

Charakter

Überwiegend zügig strömender Wanderfluss, ohne fahrtechnische Schwierigkeiten. Ab Untermünkheim ganzjährig auch mit Zweierbooten befahrbar, doch im Sommer etwaige Treidelstellen möglich (bei Sindringen, Nagelsberg und Buchenmühle Wasserabzug). Wehre teilweise befahrbar, sonst leicht umzutragen. Vor dem Wehr in Künzelsau links Treppe zum Anlanden, nach 100 m Treppe zum Einsetzen. Wasser mäßig sauber. Schöne Tagesfahrt zwischen Ohrnberg und Oedheim (20 km). Fluss auch für wenig erfahrene Kanufahrer zu empfehlen. Pkw-Begleitung durchgehend möglich. NSG bei Sindringen, nur in kleinen Gruppen ab 16. 9. fahren!

Zeltmöglichkeiten

Camping Steinbach, Braunsbach, Künzelsau-Festwiese, Ohrnberg, Oedheim, Hirschfeldpark.

Sehenswertes

Steinbach: Comburg, befestigtes Benediktinerkloster, Frauenkloster.
Schwäbisch Hall: Salzsiederstadt, viele Fachwerkhäuser, St.-Michaels-Kirche, Großes Büchsenhaus, Brunnen, Rathaus, Keckenburg, Tortürme, Brücken (u. v. a.).
Braunsbach: Schloss, St.-Bonifaz-Kirche.
Kocherstetten: Burg Stetten, Burg Tierberg.
Künzelsau: Fachwerkrathaus, Pfarrkirche, ehem. hohenlohisches Schloss.
Ingelfingen: Kleine Residenzstadt mit Ringmauer, Schloss mit Park, Apotheke, Kocherbrücke.
Niedernhall: Weinort, Fachwerkrathaus, Adelshäuser, Stadtmauer.
Forchtenberg: Stadtmauer mit Toren und Türmen, Friedhofskapelle, Fachwerkhäuser.
Neuenstadt: Burg, Stadttore, alte Fachwerkhäuser, Freilichtbühne, Schloss Bürg.
Bad Friedrichshall: Rathaus, Schloss Grecken, Salzbergwerk.

Auto nachholen

Regelmäßige Verbindungen mit der Bahn zwischen Schwäb. Hall und Bad Friedrichshall.

Karten, Literatur

Generalkarte Blatt 18, 19; ADAC-Freizeitatlas Baden-Württemberg 1 : 100 000.
Deutsches Flusswanderbuch; Kanuführer für Südwestdeutschland.

Jagst 23

130 km

Ferienfahrt (ab Mitte September, die Teilstrecke Crailsheim – Königsmühle auch bis Ende Mai)

Es ist das Land der hohenlohischen Burgen und Schlösser, ein Land des Weines und ein Land des sagenumwobenen, tapferen Ritters Götz von Berlichingen, das die Jagst auf ihrem Wege von der Schwäbischen Alb zum Neckar durchfließt. Und es ist ein tief eingeschnittenes, viel gewundenes Tal, dessen Besiedlungsgeschichte über die Römerzeit bis zu den Kelten reicht. Hier liegen noch kleine Orte so am Fluss, als wären sie von der modernen Zeit vergessen worden. Nur ganz wenige Industriebetriebe haben sich angesiedelt. So blieben Flora und Fauna am Flusslauf weitgehend erhalten und das Wasser ziemlich sauber, was uns Kanuten nur recht sein kann.

Doch die vielen, wenn auch überwiegend befahrbaren Wehre und die zahlreichen Befahrungsverbote bis Mitte September trüben etwas die Paddelfreude auf dem lebendig dahinplätschernden Flüsschen. Nach niederschlagsreichen Sommern ist die Jagst bei gutem Wasserstand mit Einern schon ab Crailsheim befahrbar. Sie windet sich zwischen Wiesen und Wäldern in nördlicher Richtung durch die Hohenloher Ebene. Viele Mühlen, Burgruinen und mittelalterliche Städtchen säumen ihren Lauf: Kirchberg, Langenburg, Leonfels, Dörzbach. Alle locken zum Pausieren und Besichtigen. Bei Dörzbach, einem idyllischen Marktflecken und günstigen Einsatzort für Zweierboote (Pegel Dörzbach min. 60 cm), wendet sich der Fluss nach Westen. Unter der Burg Krautheim, am Zisterzienserkloster Schöntal vorüber, kommen wir nach Jagsthausen, dem freundlichen Dreiburgenstädtchen. Hier wird alljährlich auf der Freilichtbühne in der Burg Goethes »Götz von Berlichingen« gespielt. Doch die Perle des Jagsttales ist Möckmühl, das, am Berg angelehnt, von der stolzen Götzenburg beherrscht wird. Es lohnt sich, hier zu bleiben und gemütlich durch das kleine Städtchen zu spazieren, die Aussicht von der Burg zu genießen und in das benachbarte Seckachtal hinaufzuwandern. Am nächsten Tag paddeln wir weiter durch die großen Schleifen des tief eingeschnittenen Muschelkalktales in Richtung Neckar. Überra-

△ *In Dörzbach finden wir eine gute Möglichkeit zum Einbooten.*

Anfahrt
A 6 Heilbronn–Nürnberg, Ausfahrt Crailsheim, B 290; oder A 81 Heilbronn–Würzburg, Ausfahrt Möckmühl.

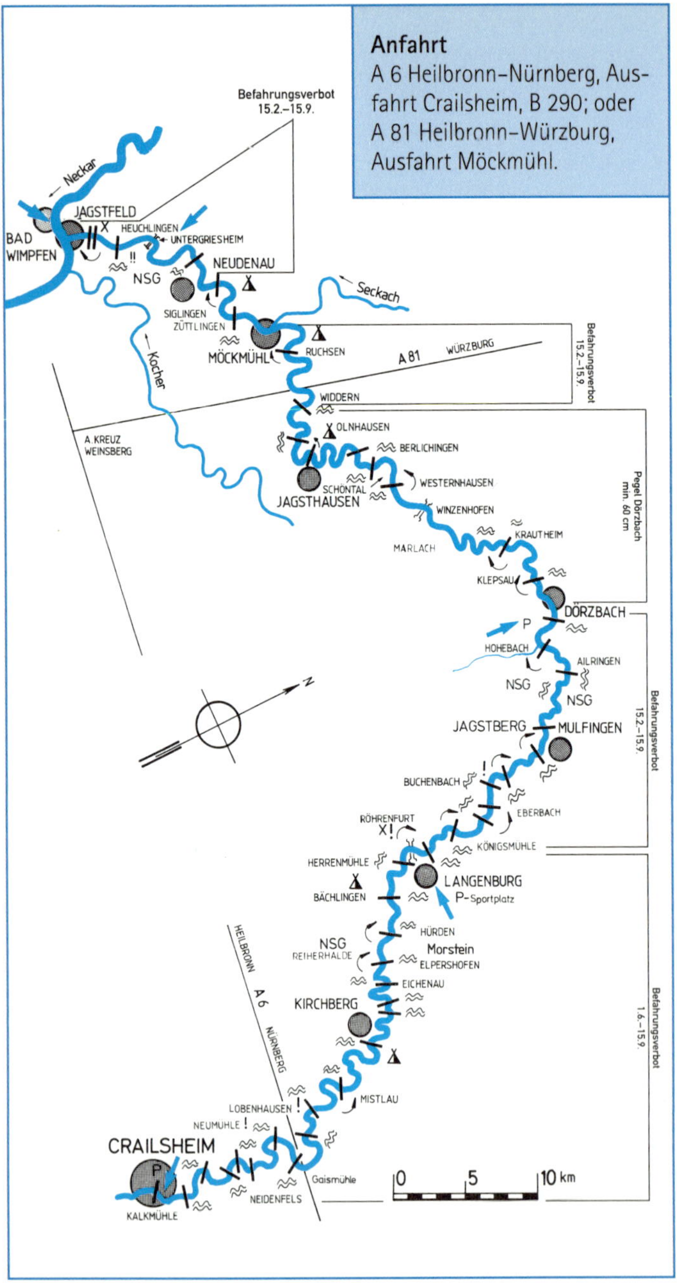

schend taucht vor uns das romantisch liegende Neudenau auf; hier überspannt die alte St.-Nepomuk-Steinbrücke die Jagst. Ein sportlicher Schwall, wieder Mühlwehre, befahrbare Stufen, Umtragestellen – es wird nie langweilig auf einer Jagstfahrt. In Untergriesheim finden wir unter der Brücke einen günstigen Anlegeplatz. Wenn wir hier die Fahrt beenden, sparen wir uns das Umtragen an drei Wehren in Heuchlingen und Duttenberg. Wer dies jedoch nicht scheut, fährt bis zur Mündung gegenüber der eindrucksvollen Silhouette der ehemaligen Reichsstadt Wimpfen, wo sich links an der Neckarbrücke beim Ruderheim eine gute Anlandestelle befindet.

Die Klosteranlage Schöntal gehört zu den Perlen des Jagsttales.

Charakter
Durch die vielen, teils befahrbaren Wehre ist die Jagst ein Wanderfluss mit sportlicher Note. Achtung: Hinter der Herrenmühle Röhrenfurt; rechtzeitig anlanden. Manche Wehre wurden mit großen, scharfkantigen Steinen ausgebessert. Eine Besichtigung der Wehre vor einer Durchfahrt (bei Hochwasser auch wegen eines möglichen Rücklaufs) wird empfohlen. Trotz diesen Behinderungen ist die Tour sehr lohnend (auch Tagesetappen mit leeren Booten) und für Wanderfahrer mit Erfahrung zu empfehlen; Faltboote erst ab Dörzbach einsetzen (Pegel Dörzbach min. 60 cm). Pkw-Begleitung ab Langenburg durchgehend möglich.

Zeltmöglichkeiten
Crailsheim; Kirchberg; Bächlingen; Olnhausen; Möckmühl; Neudenau.

Sehenswertes
Crailsheim: Ehem. Reichsstadt, Heimatmuseum, Stadtkirche.
Kirchberg: Stadtmauer, Schloss Hornberg, Ruine Sulz.
Langenburg: Schloss, Stadtkirche, Marktplatz.
Dörzbach: Kirche mit Grünewald-Altar, Schloss.
Krautheim: Bergstadt, kleines Schloss, Kapelle.
Schöntal: Klosterkirche mit Grabstein des Ritters Götz.
Jagsthausen: Burgen, Limes, Freilichtbühne, Festspiele.
Möckmühl: Stadtmauer, Götzenburg, malerische Altstadt.
Neudenau: Marktplatz, Brunnen, Rathaus, Burg Herboltzheim.
Bad Wimpfen: Pfalz, Kirche, Fachwerkhäuser, Steinhaus, Heilbad.

Auto nachholen
Regelmüßige Bahnverbindung zwischen Crailsheim und Bad Wimpfen. Radwanderweg Jagst gut ausgebaut.

Karten, Literatur
Generalkarte 1 : 200 000 Blatt 19, 16, 18; ADAC-Freizeitatlas Baden-Württemberg 1 : 100 000; topogr. Karte 1 : 50 000 Baden-Württemberg Blatt L 6926, L 6724, L 6924, L 6722, L 6720.
Deutsches Flusswanderbuch; Kanuführer für Südwestdeutschland; Kanuführer Württemberg.

68 km

3-Tage-Fahrt

Entlang einer alten Handelsstraße, vorbei an Städtchen mit klingenden Namen, windet sich die schmale Tauber durch ein heiteres, lichtdurchflutetes, welliges Tal. Manchmal ist ihr Lauf kaum zu entdecken, so verschwiegen und versteckt zwischen Erlen, Weiden und Ulmen bemüht sie sich, ihren Weg zu finden. Bedächtig und dunkelgrün leuchtend fließt sie durchs Tal, dessen Wärme bis spät in den Herbst den Anbau eines Weines voller Würze und Blumigkeit erlaubt.

Als Wanderfluss ist die Tauber trotz der vielen Wehre gut befahrbar, und der Kanute sollte sich für die vielen sehenswerten Städtchen, Burgen und Kirchen viel Zeit lassen. Im Frühling können wir bei höherem Wasserstand die Wildwasser-Boote schon in Rothenburg ob der Tauber einsetzen. Bis Creglingen erwartet uns ein bachartiger, wenig berührter Flusslauf mit ca. 15 Wehren. Die Zweier setzen wir erst in Tauberrettersheim ins Wasser. Zuvor hat der Fluss schon die klare Gollach und Steinach aufgenommen. An der schönen alten Steinbrücke, wo das flache Flussbett von schnatternden Gänsen bevölkert wird, finden wir eine gute Einsatzstelle mit Parkmöglichkeit. Nach einer Stunde gemütlicher Kanufahrt treffen wir in Weikersheim ein. Hier lockt das herrliche Renaissanceschloss mit seinem Rittersaal und der südlich anmutenden Orangerie im Park zur Besichtigung. Nachher tragen wir am Wehr des E-Werks ca. 200 m die Boote um. Jetzt begleitet den Fluss ein beidseitiger Weinberggürtel, und an der Igersheimer Tauberbrücke grüßt uns der Brückenheilige St. Nepomuk mit abgenommenem Birett. Er weist den Weg nach Bad Mergentheim, der Hochburg des Deutschritterordens. Die Altstadt lohnt einen Aufenthalt. Danach wird die Landschaft flacher, der Fluss mäandert. Durch viele kleine Kehren, unter der Pfeilerbrücke der Autobahn Heilbronn–Würzburg, werden die Kanus nach Tauberbischofsheim getragen. Die renovierte Stadt mit ihrer großen Fußgängerzone lädt zum ausgedehnten Spaziergang ein, um die üppig geschmückten Fassaden der barocken Patrizierhäuser zu bewundern. Am Freibad vorbei und durch die Stadt hin-

△ *Der Lauf der Tauber ist oft zwischen Bäumen versteckt.*

Anfahrt
A 81 Heilbronn–Würzburg,
Ausfahrt Tauberbischofsheim.

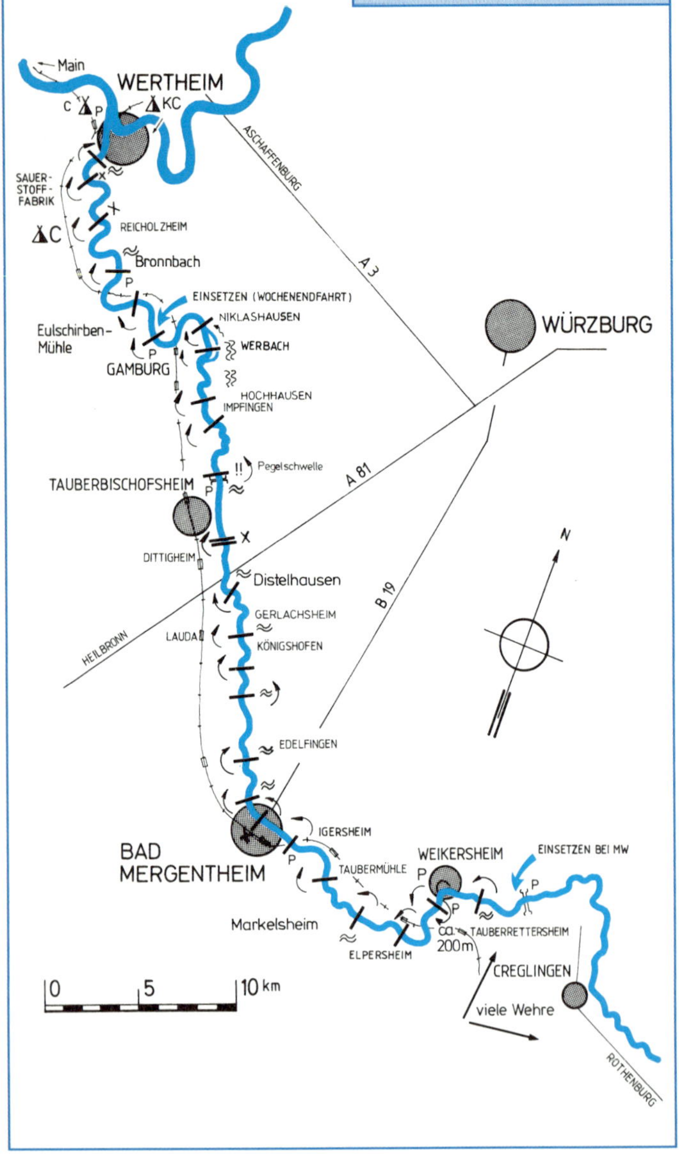

Durch eine parkähnliche Landschaft paddeln wir auf der Tauber.

durch ist die Tauber reguliert. Mehrere spritzige Schwalle und kleine Stufen sorgen für eine sportliche Einlage. Ab Werbach ändert sich dann der Talcharakter. Der Fluss schwingt in weiten, rhythmischen Schleifen durch das Buntsandsteingebirge zum Main. Terrassierte Weinberge und Wälder reichen bis an die Ufer des ruhig fließenden Gewässers. Bis zur Mündung erwarten uns noch mehrere Wehre, die aber leicht zu überwinden sind. Doch je nach Wasserstand genügt es, unsere Boote über die schräge Wehrfläche zu ziehen oder kurz umzutragen. Leise paddeln wir durch das grüne Tal. Hoch über uns, auf einer steilen Bergnase, entdecken wir das alte Raubritternest Gamburg, und am Ufer zwischen den Bäumen erblicken wir die schlösschenartige Eulschirben-Mühle. Hier war nach einer Sage die bezaubernde Wassernixe Melusine zu Hause. Bei Bronnbach, einem ehemaligen Zisterzienserkloster mit herrlichen Kreuzgängen, wartet das nächste Wehr auf uns, und die alte Sandsteinbrücke kündigt Reicholzheim, den Mittelpunkt der Winzergenossenschaft Frankenland, an. Ein ruhiger Campingplatz bietet sich am linken Flussufer zum Übernachten. Im gemütlichen Wirtshaus lassen wir uns abends einen guten heimischen Wein kredenzen. Nur noch eine kurze Tagesetappe steht uns bis Wertheim bevor. Beim Wehr der Sauerstoff-Fabrik tragen wir die Boote links über den Sportplatz um. Anschließend schiebt uns die Strömung etwas lebhafter durch das jetzt tief eingeschnittene Tal nach Wertheim, dem uralten Handelsplatz an Main und Tauber. Die mächtige Grafenburg beherrscht noch heute die Stadt, in der es viele Bau- und Kunstwerke zu bestaunen gibt. 1,5 km mainaufwärts liegt das Bootshaus der Wertheimer Kanuten, auf deren Gelände wir unsere Boote abbauen können.

Charakter

Sehr langsam fließender Wanderfluss, bis Weikersheim flach, teilweise steinig. Auf der ganzen Länge ist der Flusslauf zwischen Bäumen versteckt. Viele Wehre, nur bei sehr gutem Wasserstand befahrbar, teils schwierig zu umtragen. Für Kunststoffboote, Einer und Kanadier geeignet (Tagesetappen mit leeren Booten zu empfehlen). Sehr fischreich, verhältnismäßig sauber. Pkw-Begleitung auf der ganzen Flusslänge möglich.

Zeltmöglichkeiten

Camping in Rothenburg; Münstercamping Creglingen (nicht am Fluss); Igersheim; Mergentheim; Reicholzheim; Wertheim.

Sehenswertes

Rothenburg o. d. Tauber: Mittelalterliche Stadt, Dom, Rathaus (u. v. a.).
Creglingen: Herrgottskirche (Riemenschneider-Altar), Fingerhut-Museum.
Röttingen: Barockes Rathaus, Stadttor.
Weikersheim: Schloss mit Rittersaal, Orangerie, Orgelbau.
Bad Mergentheim: Salzquellen, Deutschordens-Hochmeisterschloss, Rathaus mit Wendeltreppe, Altstadt.
Gerlachsheim: Klosterkirche.
Tauberbischofsheim: Kurmainzisches Schloss, alte Patrizierhäuser, Museum, St.-Jakobs-Kirche.
Gamburg: Raubritternest, Eulschirben-Mühle.
Bronnbach: Zisterzienserkloster.
Wertheim: Altstadt, Burg, Stadtkirche mit »Bettlade« des Grafen Ludwig v. Löwenstein, Kilianskapelle.

Auto nachholen

Regelmäßige Verbindungen mit Bus/Bahn zwischen Tauberrettersheim und Wertheim; Radfernweg Taubertal/Romantische Straße.

Karten, Literatur

Generalkarte 1 : 200 000 Blatt 16; ADAC-Freizeitatlas Nördliches Bayern 1 : 100 000.
Kanuführer für Südwestdeutschland.

Fränkische Saale 25

96 km

Ferienfahrt

Schon den alten Römern war die Fränkische Saale, irgendwo an der nördlichsten Grenze ihres Weltreiches fließend, als salzbringender Fluss, die Sole, bekannt. Von ihrer Quelle im Grabfeld, gespeist von vielen Seitenbächen und kleinen Flüsschen, pendelt sie im stetigen Hin und Her durch die Buntsandsteinplatte des Rhön-Vorlandes. Die Saale zieht an Bad Neustadt und dem weltberühmten Bad Kissingen vorbei und mündet bei Gemünden in den Main.

Ihrer Reize ist sie sich schon in Bad Neustadt bewusst, wo sie als akzeptables Wanderflüsschen mit Einerbooten recht gut befahrbar ist. In vielen Schleifen und über fünf Wehre können wir die Fahrt nach Bad Kissingen in zwei Tagen bewältigen. Hier begegnen wir kleinen Ausflugsschiffen, deren Kapitäne in weißen Uniformen ihre Gäste am gestauten Fluss durch den Park schippern. Nach der Wehranlage unterhalb des Kurparks lassen wir auch die Zweier ins Wasser. Am herrlichen Golfplatz entlang zieht eine schnelle Strömung die Boote durch das tief eingeschnittene Tal; ein paar im Flussbett verstreute Felsblöcke fordern unsere ganze Aufmerksamkeit. Steile, bewaldete Berghänge wechseln mit flachen Wiesen, alte Steinbrücken und Klosterruinen zeugen von einer bewegten Vergangenheit. Hoch über dem Flusstal ragt auf einer Muschelkalkzunge Burg Trimburg. Ein weiter Blick von ihrer Terrasse ins Saaletal und auf die gegenüberliegenden Berggipfel der Rhön lohnt unseren Besuch reichlich. Mehrere für Einer befahrbare Wehre gestalten die Wanderfahrt etwas sportlicher. Umtragemöglichkeiten sind durch gut sichtbare Schilder ausgewiesen. Nach Pfaffenhausen erreichen wir Hammelburg, die älteste Weinstadt Frankens. Nicht weit von hier blickt von oben Schloss Saaleck auf die Saale. Wieder treten die Berge näher an den Fluss, und die Laubwälder der steilen Sandstein- und Muschelkalkhänge reichen bis zu den saftigen Wiesen des Talbodens. Unter dem Sodenberg, versteckt im Tal, liegt die Rossmühle mit ihrem gut besetzten Campingplatz. Eine Pontonbrücke und ein zweistufiges Wehr unterbrechen unsere Fahrt.

△ *Die Sandsteinbrücke über die Fränkische Saale führt nach Gemünden.*

Anfahrt
A 7 Würzburg–Kassel, Ausfahrt Hammelburg, auf der B 27 nach Gemünden; oder B 287 Bad Kissingen, Bad Neustadt.

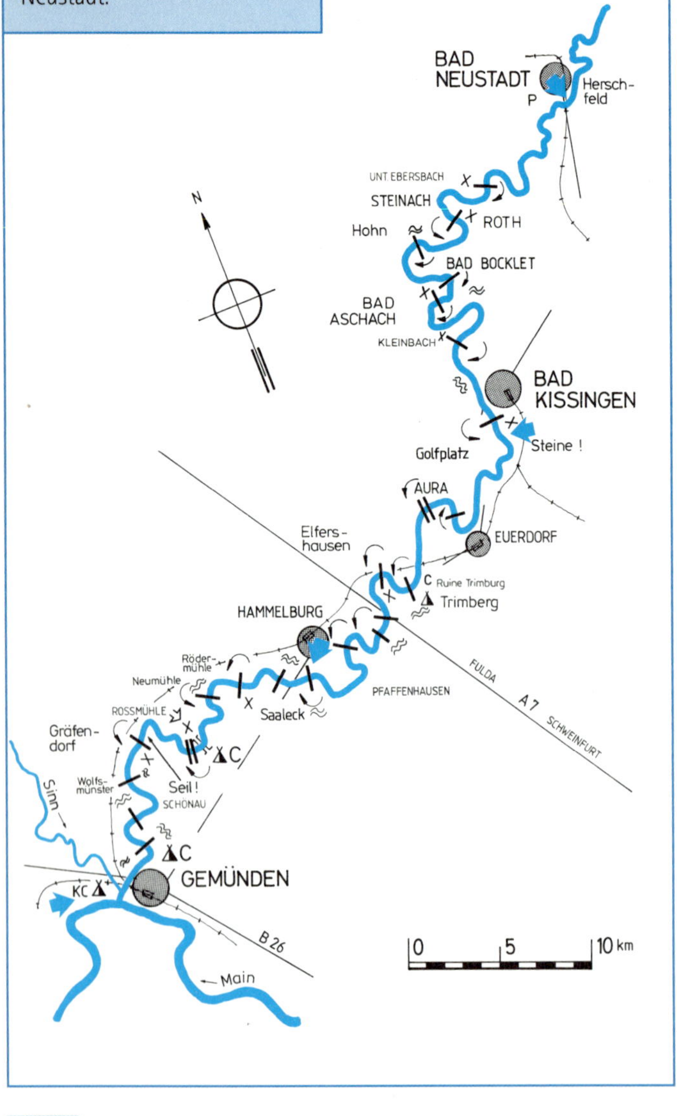

Charakter
Verträumter Wanderfluss, ab Bad Kissingen mit allen Bootstypen befahrbar. Ab hier auch für Anfänger geeignet. Sauberes Wasser und sandiges Flussbett locken zum Baden. Wehre mit Einern überwiegend befahrbar, sonst leicht umzutragen. Vorsicht beim Ausbooten in Unterebersbach; rechtzeitig links anlegen (Umtragestelle). Am Walzenwehr vor Bad Kissingen links umtragen. Pkw-Begleitung möglich.

Zeltmöglichkeiten
Camping Hammelburg, Bad Kissingen, Rossmühle; Gemünden – Kanu-Club, Campingplatz.

Sehenswertes
Bad Neustadt: Stadtmauer mit Türmen, Rathaus, Burg Salzburg.
Bad Aschach: Schloss mit Museum.
Bad Bocklet: Biedermeierhäuser, Kurpark.
Bad Kissingen: Kurpark, Barockbauten, Regentenbau, Brunnen, Rathaus, Ruine Bodenlaube.
Euerdorf: Alte Brücke, Marktbefestigung, Ruine Trimburg.
Aura: Benediktinerkloster, alte Steinbrücke.
Hammelburg: Bürgerhäuser, Herrenmühle, Rathaus, Schloss Saaleck (Museum).
Wolfsmünster: Schloss (16. Jh.).
Gemünden: Wasserschloss Bergsinn, Burg Rieneck, Ruine Scherenburg, Altstadt, Stadtmauer, Kloster Schönau.

Auto nachholen
Die Saaletalbahn verkehrt regelmäßig auf der Strecke Gemünden–Hammelburg–Bad Kissingen.

Karten, Literatur
Generalkarte 1 : 200 000 Blatt 13; ADAC-Freizeitatlas Nördliches Bayern 1 : 100 000.
Kanuwanderführer für Bayern; Deutsches Flusswanderbuch.

Links tragen wir die Kanus um und verschwinden, den Lärm der vielen Badegäste hinter uns lassend, im einsamen Tal. Fast lautlos tauchen die Paddel in das ruhige Wasser, und leise gleiten unsere Boote an winzigen, idyllischen Orten vorüber. Während einer Brotzeit beobachten wir die Bienen und Schmetterlinge, die Käfer, Fische und Bisamratten und die anderen lebensfrohen Wesen der Natur. Wie wenig wissen wir über diese Gemeinschaften, jede mit ihren Gesetzen und Instinkten, ihren schönen Formen und ihren erstaunlichen Geschicklichkeiten. Wie wenig erfahren wir in der Schule über Blumen und Insekten, über Bäume und Tiere. Ist es nicht schade, dass wir uns gedanklich so weit von diesen lebendigen, elementaren Dingen entfernt haben? Dafür wissen wir viel über Autos, Computer und andere technische Dinge. Angenehm und wichtig zwar, muss ihnen jedoch wirklich dieser Stellenwert eingeräumt werden?

Aber nun wenden wir uns wieder dem Fluss zu.

Die letzten Wehre bewältigen wir auch mit dem wendigen Zweier-Kanadier, und bald begleiten uns linksufrig die farbigen Zelte des öffentlichen Campingplatzes in Gemünden. Eine günstige Übernachtungsmöglichkeit bietet auch der an der Mündung liegende saubere Zeltplatz des hiesigen Kanu-Clubs.

Idyllische Campingplätze finden wir entlang der Fränkischen Saale.

87 km

4–5-Tage-Fahrt

Wenn eine Kulturlandschaft einen deutschen Fluss geprägt hat, dann ist es in erster Linie der Main. Dieser Wandervorschlag bezieht sich zwar nur auf den relativ kurzen, noch nicht schiffbaren Oberlauf von Kulmbach bis Bamberg, doch säumen schon hier die schönsten Blüten des Barock seine Ufer. Kleine verträumte Orte, Schlösser, Klöster und Kirchen leuchten wie zu Dürers Zeiten aus dem saftigen Grün der Wiesen und Laubwälder. Landschaftlich wird dieser große Mainbogen durch die nördlichen Ausläufer des Fränkischen Jura bestimmt. Wie mächtige Bastionen fallen die schroffen Felswände in das Tal herab. Südlich von Lichtenfels, wo der Main den letzten Jurariegel durchbricht, können wir vom viel besungenen Staffelberg das großartige Panorama dieser Landschaft bewundern.
Unsere Kanufahrt beginnt am Weißen Main. Unter dem Burghaiger Wehr, nur wenige Kilometer flussabwärts von Kulmbach, dessen einzigartiges Zinnfiguren-Museum wir vorher besucht haben sollten, setzen wir ein. Nach einer ruhigen, rhythmischen Fahrt durch viele Schleifen gesellt sich beim Schloss Steinhausen der aus Bayreuth kommende Rote Main zu uns. Hier bekommt der Main seinen Namen; bis zum kleinen Nest Mainleus ist er ein verträumter Fluss. Das verfallene Wehr fahren wir nach vorheriger Besichtigung durch; bis zur Rodachmündung warten auf uns mehrere unbefahrbare Wehre – doch alle leicht zu umtragen. Sonst bereitet der gemächlich fließende Fluss keine wassertechnischen Schwierigkeiten. Die spritzige Floßgasse bei Michelau ist mit Vorsicht zu befahren, und bald treffen wir in der Korbmacherstadt Lichtenfels ein. Der saubere Campingplatz am Mainufer ist ein idealer Ausgangspunkt für Wanderungen und Besichtigungen. Es empfiehlt sich, die Fahrt einen Tag zu unterbrechen und die kulturellen Höhepunkte – Kloster Banz und die Wallfahrtskirche Vierzehnheiligen – zu Fuß anzulaufen. Ein Rundblick vom Staffelberg, dem Aussichtsbalkon des Oberen Maintales, belohnt uns für die Aufstiegsmühe. In trockenen Sommern erwartet uns am nächsten Tag noch eine Flusswanderung im wahrsten Sinne des Wortes. Be-

△ *Kiesbänke begleiten uns oft am Oberen Main.*

Anfahrt
A 9, Ausfahrt Kulmbach/Bayreuth, über die A 70 und B 85 nach Kulmbach; oder A 3, dann B 505 nach Bamberg, von hier B 173.

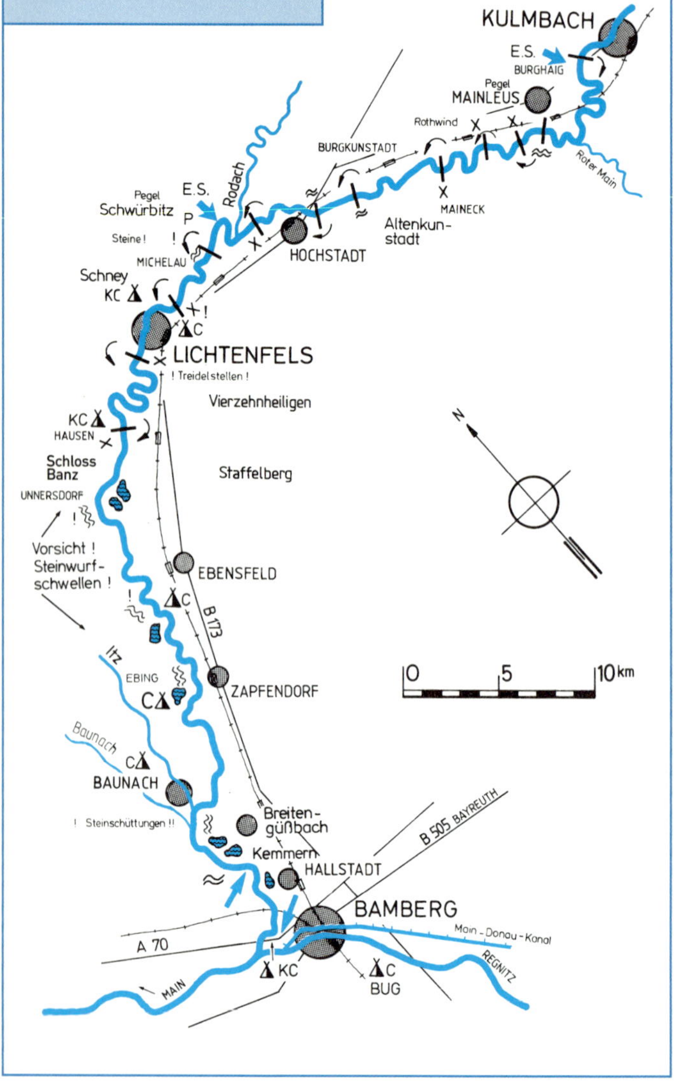

In Strößendorf grüßt uns das Schlösschen des Grafen von Seckendorf.

vor wir die Boote dem Wasser anvertrauen, ist eine ca. 200 m lange Treidel- oder Umtragestelle fast unvermeidlich. Doch dann schlängelt sich der Fluss zwischen alten Kopfweiden in vielen Mäandern nach Hausen, zum letzten Wehr dieser Wanderfahrt, das wir rechts umgehen. Jetzt liegen fast 40 km ohne eine einzige Umtragestelle vor uns. Der Main strömt recht flott in harmlosen Schwällchen durch das breite Tal. Kleine Kiesbänke und mehrere Baggerseen mit Zeltplätzen laden zum Pausieren und Baden ein. Steinschüttungen, im Zuge der Renaturierung des Mains errichtet, verlangen vom Bootsfahrer Aufmerksamkeit; es kommt hier oft zu Grundberührungen. Bei Baunach münden Itz und Baunach, im Frühling zwei schöne, leicht befahrbare Wildbäche, in den Main. Nach der neuen Straßenbrücke erwartet uns eine lange, spritzige Stromschnelle, der sich die schöne Waldstrecke entlang dem Breitengüssbacher Forst anschließt. Bei Hallstadt zeichnen sich am Horizont die vielen Türme der auf sieben Hügeln erbauten alten Kaiserstadt Bamberg ab. Nach der Eisenbahnbrücke, deren Durchfahrt wir vorher ansehen, erscheint bald die Brücke der Maintalautobahn. Wenn wir dann links in die kanalartige Mündung der Regnitz einfahren, erreichen wir nach etwa drei Kilometern den Zeltplatz des Bamberger Faltboot-Clubs (DKV-Kanustation).

Charakter

Leicht zu befahrendes, teilweise flott strömendes Zahmwasser. Ganzjährig befahrbar mit allen Bootstypen und auch für Anfänger. Wasser leidlich sauber, bei Niedrigwasser Verschmutzung ab Kläranlage Kulmbach. Floßgasse in Michelau vor Befahrung anschauen, rechtzeitig rechts anlegen! An neuen Steinschüttungen Grundberührung – Vorsicht Faltbootfahrer! Pkw-Begleitung möglich. Schöne Bade- und Zeltplätze an Baggerseen. Landschaftlich sehr ansprechend. Gute, preiswerte Wirtshäuser entlang dem Fluss. Idealwasserstand Pegel Brücke Mainleus 1,80 m.

Zeltmöglichkeiten

Kulmbach; PSC Lichtenfels; Hausen; Baunach – Hahnleite; Bamberg DKV-Kanustation u. v. a.

Sehenswertes

Kulmbach: Plassenburg, Rathaus mit Rokokofassade, Zinnfiguren-Museum, Chorkirche, Bierbrauereien.
Mainleus: Schloss Steinhausen, Schloss Wernstein.
Burgkunstadt: Rathaus mit geschnitztem Fachwerk, Altstadt.
Hochstadt: Kirche.
Michelau: Korbwaren-Museum.
Lichtenfels: Altstadt, Burg, Kirche, Kloster Banz, Wallfahrtskirche Vierzehnheiligen.
Staffelstein: Rathaus, Geburtsort des Rechenmeisters Adam Riese, Staffelberg mit Kapelle.
Baunach: Rokokorathaus mit originalem Treppenhaus, hölzerne Männerskulpturen.
Kemmern: Bierkeller, Grotte.
Hallstadt: Rathaus mit Pranger.
Bamberg: Eine der besterhaltenen mittelalterlichen Städte Deutschlands, Dom, Altes Rathaus, Neue Residenz, Michelsberg, Böttingerhaus, Klein Venedig an der Regnitz (u. v. a.).

Auto nachholen

Regelmäßige Verbindungen der DB zwischen Bamberg und Kulmbach.

Karten, Literatur

Generalkarte 1 : 200 000 Blatt 14; ADAC-Freizeitatlas Nördliches Bayern 1 : 100 000.
Kanuwanderführer für Bayern; Deutsches Flusswanderbuch.

Regnitz 27

55 km

2–3-Tage-Fahrt

Mit einer Quelle wie andere Flüsse kann sich die Regnitz nicht schmücken, denn erst bei Nürnberg, wo die Rednitz und die Pegnitz zusammentreffen, übernimmt die Regnitz von jedem der beiden Flüsse das Wasser und einen Teil des Namens. Das seichte Becken, das sie von hier über Forchheim nach Bamberg durchfließt, besteht aus einer nur wenige Meter starken Sandschicht, unter der wasserundurchlässiger Ton den Grundwasserspiegel recht hoch hält. Diese Tatsache sowie gute Bodenbearbeitung und intensive Bewässerung ermöglichen schon seit Jahrhunderten einen reichen Gemüseanbau. Ausgedehnte Spargel- und Zwiebelfelder, die diesem Landstrich den Namen »Knoblauchland« gaben, ziehen sich zusammen mit Auwaldresten entlang dem langsam fließenden Fluss.

Von der nahen Autobahn und den größeren Städten schirmen ihn die dichten Uferbestände von Ulmen und Weiden ab. Somit wird eine Regnitzfahrt zu einer beschaulichen Flussbummelei, über niedrige Bretterleiten der alten Wasserschöpfräder, die teilweise restauriert sind und auf mehreren Kilometern der Regnitz eine ganz besondere Note geben. Nicht einmal der Main-Donau-Kanal, der unweit des Flusses parallel verläuft, kann diese Idylle stören. Doch ab Hausen, im mittleren Abschnitt der Regnitz, benutzt man das alte Flussbett als Kanal. Wer nach Bamberg weiterpaddeln will, muss 8 km des neuen Kanals befahren oder die

△ Mehrere alte Wasserschöpfräder bestimmen die Flusslandschaft an der Regnitz.

◁ Sogar im Mannschaftskanadier ist die Regnitz bei gutem Wasserstand befahrbar.

Anfahrt
Von Nürnberg auf der B 4 in Richtung Forchheim.

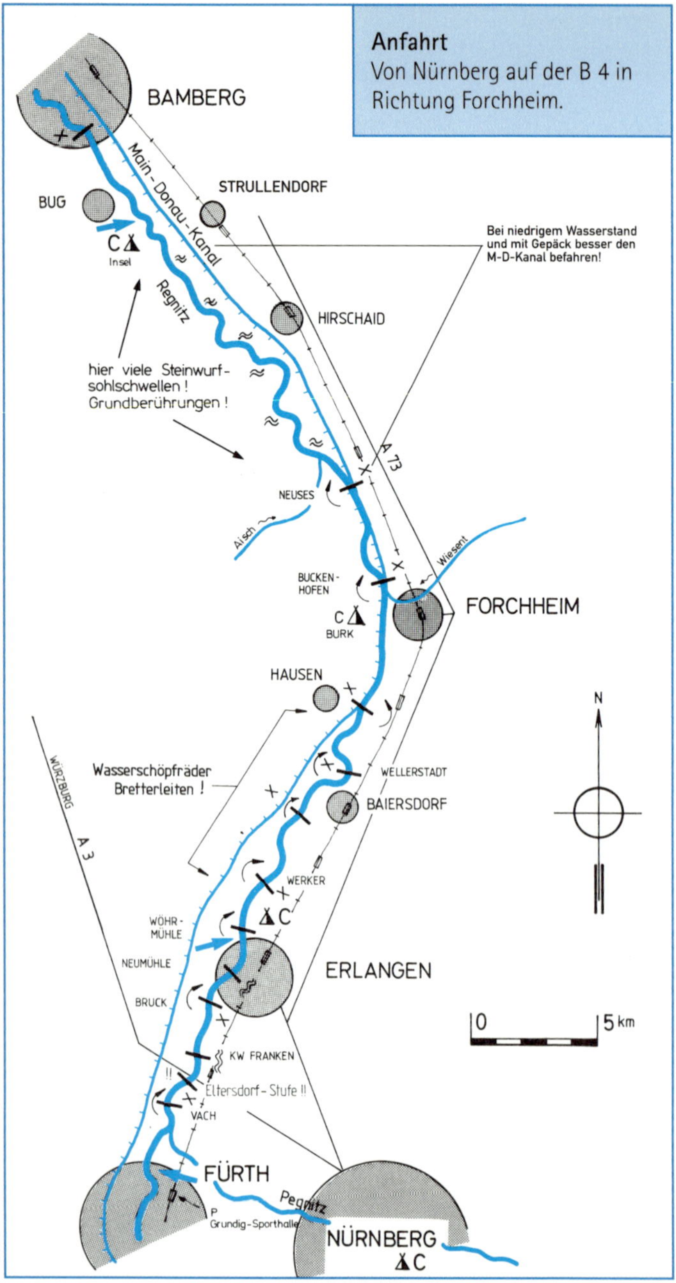

Charakter
Langsam fließendes Zahmwasser, dessen Uferbewuchs und liebliche Landschaft an die Loire in Frankreich erinnern. Der Flusslauf wird durch sehr viele, niedrige Bretterwehre mit Pfählen unterbrochen. Auch für Wanderboote bestehen immer wieder Durchfahrtmöglichkeiten. Für alle Bootstypen, auch Faltboote, geeignet. Einsetzen in Fürth, Grundig-Sporthalle, oder – für eine Sonntagsfahrt – am Naturfreundehaus in Erlangen (Wöhrmühle). Drei schwierige Umtragestellen an der Baiersdorfer Mühle, in Wellerstadt und an der Betonstufe Eltersdorf. Ab Neuses viele Steinsohlschwellen; Vorsichtig – Grundberührung! Bei wenig Wasser oder mit viel Gepäck im Boot wird zwischen Neuses und Strullendorf der M-D-Kanal befahren. Umheben der Kanus! Fahrtende am Campingplatz in Bamberg-Bug. Auf dem Main-Donau-Kanal gilt die Binnenschifffahrtsstraßenordnung (Bootskennzeichnungspflicht usw.).

Zeltmöglichkeiten
Camping Wöhrmühle in Erlangen; Burk bei Forchheim; Bamberg-Bug; Nürnberg beim Stadion.

Sehenswertes
Nürnberg: Burg, Kaisersaal, Brunnen, Albrecht-Dürer-Haus, Sebalduskirche, Stadtkirche, Frauenkirche, Schöner Brunnen, Rathaus, Germanisches Museum (u. v. a.).
Erlangen: Kirche, Schloss mit Orangerie, Markgrafentheater.
Forchheim: Wasserburg-Pfalz mit Museum, Fachwerkhäuser mit Rathaus, Kirchplatz, Stadttore, Mühlgraben, St.-Anna-Fest im Juni.
Bamberg: Dom mit Bamberger Reiter, Rathaus, Neue Residenz, Michelsberg, Klein-Venedig an der Regnitz, Böttingerhaus, Rauchbier (u. v. a.).

Auto nachholen
Regelmäßige Verbindungen der Bahn zwischen Bamberg und Fürth.

Karten, Literatur
Generalkarte 1 : 200 000 Blatt 17; ADAC-Freizeitatlas Nördliches Bayern 1 : 100 000.
Kanuwanderführer in Bayern; Deutsches Flusswanderbuch.

Strecke mit dem Auto umgehen. Bei gutem Wasserstand setzt man bei Neuses wieder in die alte Regnitz ein. Nun trägt das Wasser die Kanus seicht über Sandbänke und viele befahrbare Sohlschwellen zum Campingplatz Bug bei Bamberg, dem Mittelpunkt des karolinischen Kaiserreiches. Bei niedrigem Wasserstand oder mit schwer beladenen Kanus befahren wir den Kanal ab Neuses bis kurz vor Strullendorf. So umgehen wir die zahlreichen Sohlschwellen in diesem Abschnitt.

Wiesent 28

33 km

1–2-Tage-Fahrt

Im Norden der Fränkischen Schweiz einer Felsspalte entspringend, fließt die Wiesent in einem tief eingeschnittenen, gewundenen Tal mitten durch das geologische und bei Gößweinstein auch durch das kulturelle Herz dieser großartigen und viel besuchten Landschaft. Wie eine Hauptschlagader sammelt sie auf ihrem Weg alle anderen Flüsschen und Bäche, um sie bei Forchheim der Regnitz zuzuführen. Über dem liebenswerten, romantischen Juratal thronen an manchen Felsvorsprüngen alte Burgen. Das kristallklare Wasser diente einst vielen Mühlen als Antriebskraft.

Silbern glänzende Wellen, wärmende Sonne im Rücken, ein zuverlässiges Kanu und ein erwartungsfrohes Herz. Alles für den Verlauf des Tages Notwendige an Bord, eine flotte Strömung unter dem Kiel. Es ist ein befriedigendes Gefühl, für Stunden, Tage oder Wochen ganz auf sich gestellt zu sein, Unabhängigkeit auf Zeit in vollen Zügen zu genießen, den Zwängen des Alltags zu entsagen. Flussufer, die von der Straße aus gar nicht auffallen, bieten vom Boot aus einen ganz neuen, interessanten Anblick. Das Bild, das bei Reisen seitwärts an uns vorbeiläuft, strömt nun von vorne auf uns zu. Mit dem sanften Schub der Strömung scheinen Berge und Wälder erst auf der einen und dann auf der anderen Seite aufzusteigen.

Die Naturschönheiten dieser Landschaft haben sich schon lange herumgesprochen, und deshalb ist das Tal in der Ferienzeit hoffnungslos überfüllt. Eine stinkende Autoschlange bewegt sich auf der Talstraße in beiden Richtungen, und selbst am Fluss reißt die Kette der Kajakfahrer an manchen Sonntagen kaum ab. Aber im Frühling, an Wochentagen oder im Herbst erlebt man den silbrigen Fluss noch als einsamer Wanderer.

Bei gutem Wasserstand bietet die Wiesent bis Ebermannstadt auf 33 km Länge eine sportliche Wanderfahrt mit vielen Überraschungen. Befahrbare Stufen wechseln mit sandigen Untiefen, auf ruhige, verträumte Passagen folgen spritzige Schwalle, und manches Wehr oder manch niedriger Steg würzt mit einer Umtragestelle den Was-

△ *Die Wiesent ist eines der Kleinode unter den schönsten Wanderflüssen in Deutschland.*

Anfahrt
A 9 Nürnberg–Bayreuth, Ausfahrt Pegnitz/Grafenwöhr, B 470 nach Gößweinstein; oder A 73 von Nürnberg, Ausfahrt Forchheim, B 470.

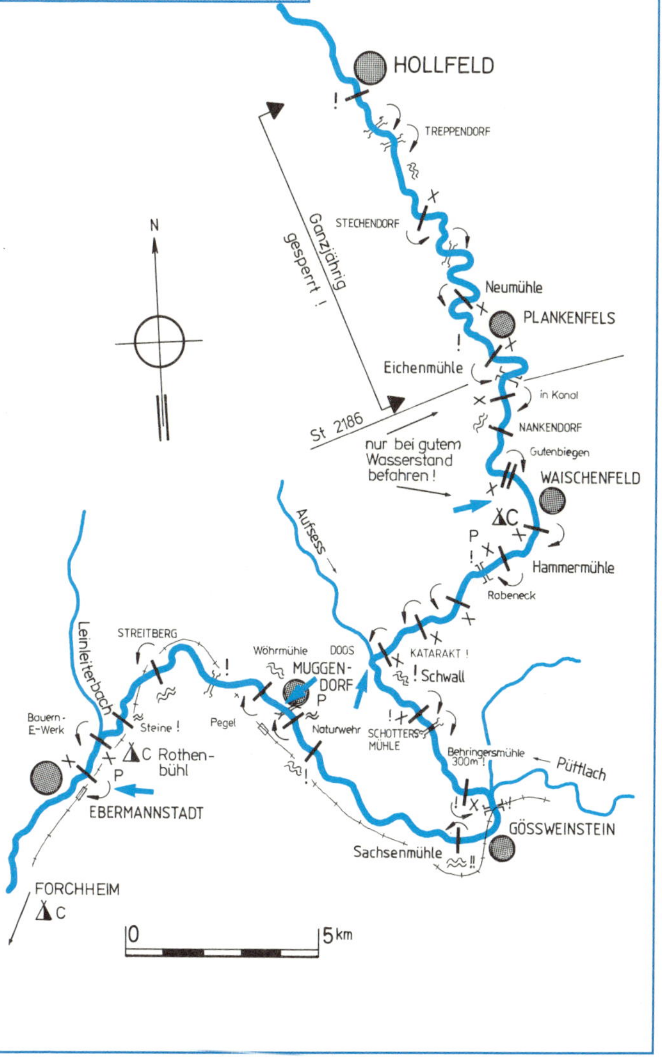

Charakter
Sehr sportlicher Wanderfluss, mit etwas erfahrener Besatzung ab Waischenfeld auch in wendigen Kunststoff-Zweiern ganzjährig befahrbar. Trotz der vielen Wehre als Kleinod der deutschen Kajakflüsse einzuschätzen. Längere Umtragestellen entstanden an den neuen Wehranlagen der Schottersmühle und Behringersmühle. Pkw-Begleitung durchgehend möglich. Aus Naturschutzgründen wurde die Flussstrecke oberhalb der Brücke B 22–St. 2186 bei Plankenfels ganzjährig für Kanufahrer gesperrt. Erlaubt ist die Wiesentbefahrung bis zur Mündung Leinleiterbach ab 15. 3. bis 31. 8. zwischen 8 und 17 Uhr, weiter flussabwärts unbegrenzt.

Zeltmöglichkeiten
Im Wiesenttal als Naturschutzgebiet ist Zelten nur auf ausgewiesenen Plätzen erlaubt; Camping Waischenfeld; Rothenbühl bei Ebermannstadt; Forchheim; mehrere Plätze in den Seitentälern.

Sehenswertes
Ebermannstadt: Marienkapelle, Schloss, Wasserschöpfräder.
Muggendorf: Streitberg – Burgruine, Binghöhle, Pilgerstube.
Gößweinstein: Wallfahrtsbasilika, Burg.
Püttlachtal: Pottenstein, Tüchersfeld, Teufelshöhle.
Waischenfeld: Steinerner Beutel, Burg Rabeneck, gotische Pfarrkirche mit Beinhaus.
Hollfeld: Historischer Stadtkern.

Bootsverleih
Schottersmühle, Doos.

Auto nachholen
Busverbindung Ebermannstadt–Waischenfeld. Sonntags romantische Dampflokfahrt durchs Wiesenttal.

Karten, Literatur
Generalkarte 1 : 200 000 Blatt 17; ADAC-Freizeitatlas Nördliches Bayern 1 : 100 000.
Kanuwanderführer für Bayern; Deutsches Flusswanderbuch.

serwandergenuss. Als Tagesfahrt wird meist die Strecke von Doos nach Muggendorf gewählt. Am Ziel kann man nach einem 3 bis 4 km langen Fußmarsch über den Bergrücken das in Doos abgestellte Auto wieder holen. Bei einer Weiterfahrt wartet unterhalb von Muggendorf die frühere Slalomstrecke mit spritzigen Einlagen. Vor Ebermannstadt, wo sich das Wiesenttal öffnet und die Fränkische Schweiz allmählich in die Nürnberger Ebene übergeht, beenden wir unsere Wanderfahrt. Ab hier ist die Wiesent durch Industrieanlagen genutzt und restlos verbaut.

◁ *Blühende Rapsfelder bilden im Sommer einen schönen Kontrast zum dunklen Grün der Wälder.*

35 km

2-Tage-Fahrt

Hier ist es noch relativ ruhig. Der große Touristenrummel wie im Wiesenttal hat noch nicht stattgefunden; vielleicht, weil das Pegnitztal etwas abseits, am Rande der Fränkischen Schweiz liegt. Nur Bergsteigern und Naturfreunden ist der Name Hersbrucker Schweiz ein Begriff. Wahrscheinlich ist dies auch der Grund, warum wir auf dem dunklen Wasser der Pegnitz nur wenigen Kanadier- und Kajakfahrern begegnen. So ist es ein Genuss, einsam auf eigenem Kiel durch das stille, manchmal sehr enge grüne Tal zu gleiten. Wenige kleine, an den Felsen klebende Orte säumen die Flussufer, und im Sommer überziehen blühende Wasserpflanzenteppiche weite Abschnitte des Gewässers.

Die Wildwasserfahrer setzen ihre Einer bereits bei Michelfeld ein. Es folgt eine sehr windungsreiche, mit vielen Baumhindernissen gespickte Strecke. Die Wanderer schieben ihre Faltboot-Zweier und Kanadier erst in Neuhaus ins Wasser. Hier, unter dem wuchtigen Wehrturm der 1000 Jahre alten Burg Veldenstein, beginnt eine wunderschöne Wanderstrecke, die uns, vorbei am winzigen Städtchen Velden, durch das von Felsen eingeengte Tal führt. In Lungsdorf, einem für diese Gegend typischen fränkischen Dörfchen, lohnt es sich, die Fahrt zu unterbrechen und eine kurze Wanderung zu den Aussichtsfelsen über dem Ort zu unternehmen. Bei der Weiterfahrt sorgen mehrere harmlose Schwalle für angenehme Abwechslung. Wir paddeln unter schönen Holzstegen durch; direkt aus dem Wasser steigt die Rothenfelswand an. Ab Vorra wird das Tal allmählich breiter, und an den Ufern bleibt Platz für Wiesen und Felder mit Hopfenpflanzungen. Aus den fernen Waldkuppen leuchten schlanke Felsnadeln: die Klettergärten der fränkischen Bergsteiger. Die Pegnitz hat jetzt genug Raum zum Mäandern. Viele Windungen und schnelle Strömung sowie überhängende Büsche verlangen vom Kanufahrer eine gute Bootsbeherrschung. Welches Maß an Freude und Zufriedenheit solche Kanutage im Herzen einer über die Maßen schönen Landschaft mit ihren unterschiedlichen jahreszeitlichen Stimmungen vermitteln! Dies kann vielleicht nur derjenige

△ *Verborgene Ortschaften säumen das Pegnitz-Flüsschen.*

Anfahrt
Von Nürnberg über die B 14; oder A 9 Nürnberg–Bayreuth, Ausfahrt Plech, Neuhaus.

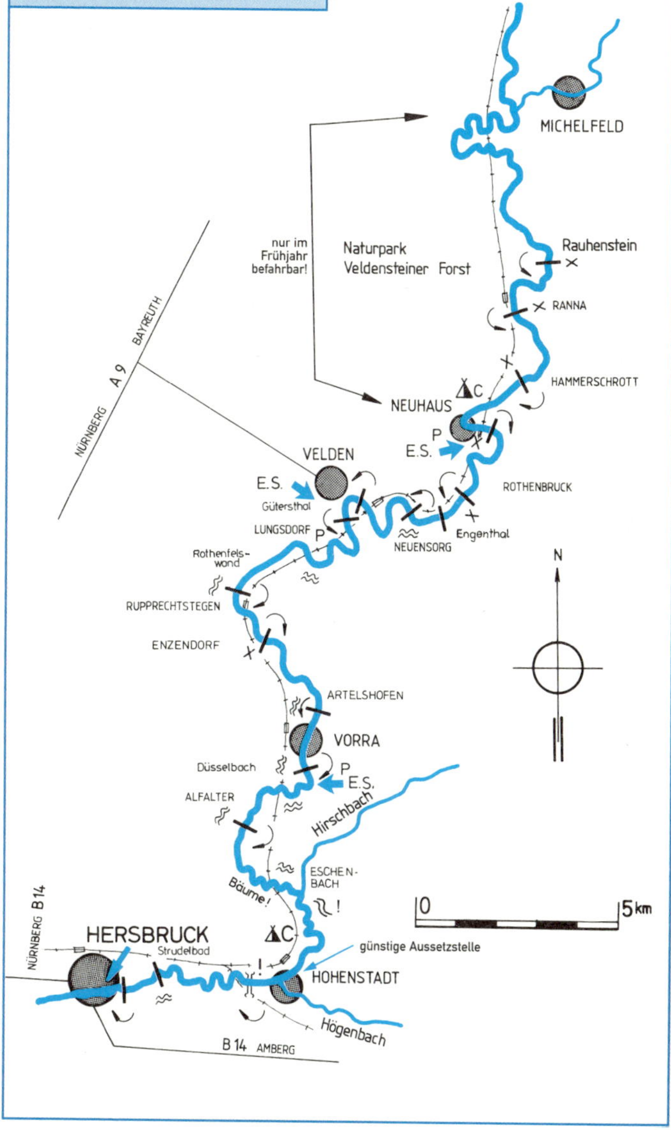

Charakter
Ab Neuhaus im schmalen Juratal eingeengt, ruhig fließendes Kleinflüsschen, im südlichen Abschnitt flottere, sportliche Strecke. Sehr sauberes Wasser. Die niedrigen Wehre sind mit Einern teilweise bei gutem Wasserstand befahrbar, sonst leicht umzutragen. Geeignet für Kanuwanderer mit Erfahrung. Pkw-Begleitung möglich. Einsetzen in Neuhaus am Parkplatz der Raiffeisenbank.

Zeltmöglichkeiten
Camping Neuhaus; großer Campingplatz in Hohenstadt; preiswerte Gasthäuser.

Sehenswertes
Neuhaus: Burg Veldenstein, Maximiliansgrotte.
Velden: Pflegschloss, Pfarrkirche.
Artelshofen: Wasserschloss.
Vorra: Marienkirche.
Hohenstadt: Altar der Wenzeslaus-Kirche, Klettergärten.
Hersbruck: Stadtringmauer mit Türmen, alte Bürgerhäuser, Hirtenmuseum.

Auto nachholen
Mit der Bahn stündliche Verbindungen zwischen Hersbruck und Neuhaus.

Karten, Literatur
Generalkarte 1 : 200 000 Blatt 17; ADAC-Freizeitatlas Nördliches Bayern 1 : 100 000.
Kanuwanderführer für Bayern.

nachempfinden, der es selbst bereits erfahren hat. Dabei sollten wir immer hellwach sein und nicht zu lange dösen, sonst steckt unser Kanu am Ufer fest, kracht auf einen Felsen oder treibt in ein Gebüsch. Das ist richtiges Kanuwandern: Man braucht Geschick und Einfühlung, um gut voranzukommen. Gewiss wünschen wir uns manchmal wegen schlechten Wetters, Durst, Hunger oder Müdigkeit, wir hätten das Tagesziel schon erreicht, aber alle diese kleinen Zwischenfälle und Stimmungen auf einer Tour tragen zum Erlebnisreichtum bei.

◁ Auch im Zweier-Kajak oder im Zweier-Kanadier können wir die Pegnitz ohne Schwierigkeiten befahren.

In Eschenbach mündet der muntere Hirschbach, der im Mittelalter mehrere Eisenhämmer antrieb. Ein lang gezogener Campingplatz signalisiert die Nähe von Hohenstadt. Vor der Hohenstädter Straßenbrücke winkt vom flachen Ufer ein guter Anlandeplatz. Bei einer Weiterfahrt bewältigen wir noch zwei Hindernisse, die uns in der Gestalt eines niedrigen Rohrstegs und nach einer Rechtskurve mit starker Strömung und Büschen den Weg versperren. Und nach einer kurzen Dschungelfahrt kommen wir dann zur großen Kunstmühle in Hersbruck, wo wir die Fahrt beenden.

47 km

2–3-Tage-Fahrt

Von ihrer Quelle im Waldsteingebirge fließt die Saale mitten durch das Hofer Vogtland und sammelt alle Gewässer zwischen dem Frankenwald und Fichtelgebirge ein. In Schwarzenbach, der ersten Stadt auf ihrem Weg durch Bayern, ist sie schon ein ausgewachsenes Wanderflüsschen, das umsäumt von Erlen und Weiden, seicht eingeschnitten hin und her pendelnd, seinen Weg nach Norden sucht. Einige kleine Wehre, die den Wasserspiegel zur Ruhe bringen, bereiten dem Wanderfahrer keine Schwierigkeiten.

In einer Tagesetappe fahren wir bis zur Textilstadt Hof, die von den Frankenkaisern als Hofburg gegründet wurde. Am Schwimmvereinsheim und beim Bootshaus der Naturfreunde können wir zelten und abends durch die gut erhaltene, lang gezogene Altstadt spazieren. Unterhalb Hof sägt sich die Saale in das harte Gneis- und Serpentingestein immer tiefer ein. Das Flusstal wird enger und ursprünglicher, dunkle Fels- und Waldhänge begrenzen die Ufer, und einige Steinblöcke versperren unterhalb der Chemnitzer Autobahnbrücke die Fahrrinne, die sich bis auf 3 m verengt. Bei Joditz bildet die Saale eine weite Schleife, inmitten deren ein schöner Badesee mit Campingplatz liegt. Die landschaftlichen Schönheiten nehmen zu, und auch sportlich ist der Fluss ein Leckerbissen. Kleine, spritzige Schwalle und teilweise zügige Strömung gestalten eine genüssliche Fahrt. Am Wehr an der Lamitzmühle vor einer steilen Felswand rutschen bei gutem Wasserstand die Boote über die niedrige Wehrkrone, wir können die Gebäude auch links umtragen. Kurz danach unterqueren wir den neuen Holzsteg; auf der rechten Seite mündet der Tannenbach. Ab hier bildete früher der Fluss auf 18 km Länge die Grenze zwischen zwei deutschen Staaten – heute zeugen nur ein paar rostige Zaunreste von der unseligen Teilung unseres Landes in der Zeit des Kalten Krieges. Neue Brücken überspannen den Fluss, der Bayern und Thüringen wieder vereinigt. Das Tal verengt sich teilweise zu einer schmalen, felsigen Waldschlucht, die Saale windet sich wie eine Schlange durch die vielen Kehren. Nach jeder

△ *Eine stille Waldlandschaft bietet das Saaletal – hier vor der Lamitzmühle.*

Anfahrt
A 9 Nürnberg–Berlin, Ausfahrt Hof.

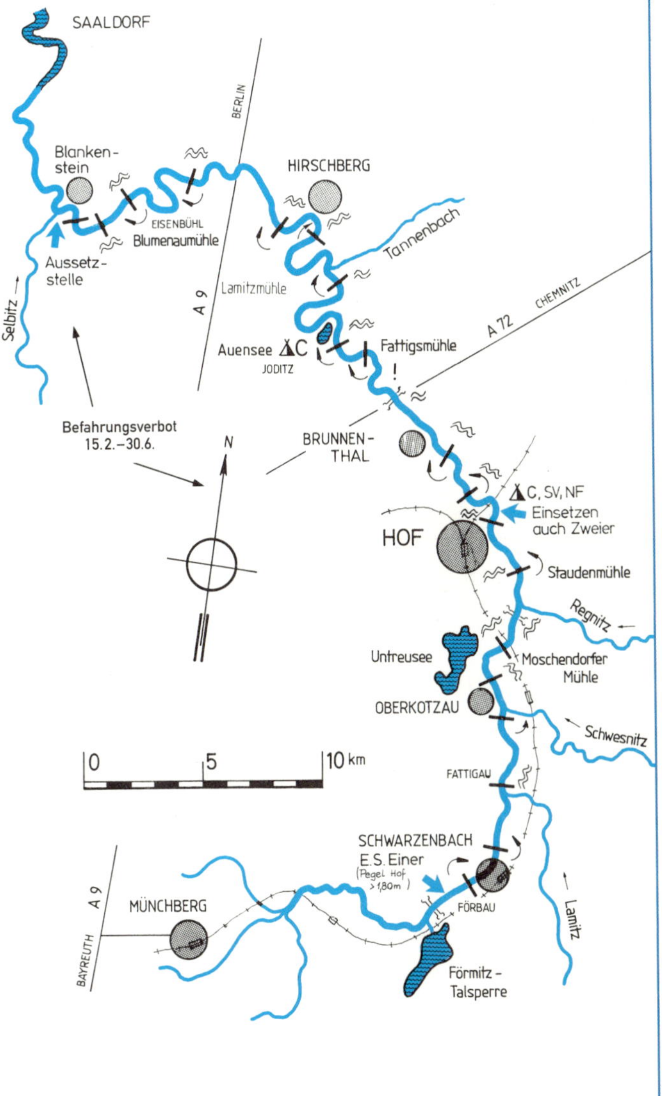

Charakter
Bei gutem Wasserstand (Pegel 180 cm in Hof) können Geübte mit Einerbooten schon in Förbau-Schwarzenbach nach der Brücke starten, Wanderer mit wenig Erfahrung sollten am Sportplatz oder am Steg des Faltboot-Clubs in Hof einsetzen. Es folgt eine der landschaftlich schönsten bayerischen Flusswanderstrecken, geeignet für alle Bootstypen. Bei niedrigem Wasserstand sind wegen Felsen im Flussbett Kunststoffboote zu empfehlen. Alle Wehre gut zu überwinden, teilweise befahrbar. An der Lamitzmühle Boote vorsichtig über die Krone heben oder links umtragen. Durchgehende Pkw-Begleitung nicht möglich, nur Kontaktpunkte an Brücken. Für die Flussstrecke ab km 29,5 unterhalb Hof bis Blankenstein Befahrungsverbot vom 15. 2. bis 30. 6.

Zeltmöglichkeiten
Camping Joditz (Auensee); Lichtenberg; Hof.

Sehenswertes
Schwarzenbach: Förmitztalsperre.
Hof: Talsperre, gotisches Rathaus, Michelskirche, Lorenzkirche, Altstadt, Museumsbahn, Radarstation.
Joditz: Jean-Paul-Dichterstube, in der Nähe Burgruine Saalenstein.
Bad Steben: Alexander-v.-Humboldt-Haus, Wehrkirche.
Lichtenberg: Miniaturstadt.

Auto nachholen
Gute Bahnverbindung Schwarzenbach–Hof; gut ausgebauter Radfernweg Saale.

Karten, Literatur
Generalkarte 1 : 200 000 Blatt 14; ADAC-Freizeitatlas Nördliches Bayern 1 : 100 000.
Kanuwanderführer für Bayern.

Biegung überrascht der Fluss mit neuen Landschaftsbildern. So wird die Sächsische Saale zu einem der schönsten süddeutschen Wanderflüsse. Ein Gefühl von Weite und Abenteuer stellt sich ein. Rechts, hoch oben am Fels, erhebt sich Schloss Wenzelshöhe, und bald ziehen wir an der Bergstadt Hirschberg vorüber. Nach drei befahrbaren Schrägwehren, einer Umtragestelle und einer spritzigen Schwallstrecke erreichen wir bei Blankenstein die Selbitz-Mündung. Über den Fluss ragt der hohe Schornstein des Hüttenkombinats auf, dessen Rauchwolken auch hier das Waldsterben beschleunigt haben.

Wir beenden die Fahrt auf dem bayerischen Abschnitt der Saale, die sich, in zwei mächtigen Talsperren aufgestaut, in nordwestlicher Richtung durch das Thüringer Schiefergebirge schlängelt und dort als wunderschöner Wanderfluss zu weiteren Fahrten lockt.

◁ *In Schwarzenbach, unterhalb der schiefergedeckten Kirche, beginnt unsere Kanufahrt.*

Kanu-Infos
Die Kanusport-Verbände und -Fachfirmen verteilen eine Menge kostenloser Informationen. Alle freuen sich übrigens über ein frankiertes, adressiertes Rückkuvert, falls Sie gedruckte Infos anfordern.

DKV
Deutscher Kanu-Verband
Bertaallee 8
47055 Duisburg
Tel.: 0203/9975900
Fax: 0203/9975960
www.kanu.de
Mail Service@kanu.de

Der DKV hält umfangreiches Infomaterial bereit. Das Angebot reicht von kostenlosen Broschüren über Sicherheit im Kanusport bis hin zum Versand von Kanu-Führern und faszinierenden Kanu-Kalendern. Die Bücher MacGregors sind als Kanu-Klassiker ebenso zu haben. Monatlich erscheint die Zeitschrift »Kanu-Sport« mit Touristentipps und aktuellen Infos. Um das wirklich riesige Angebot des DKV kennen zu lernen, fordern Sie am besten das komplette Verlagsprogramm an.

Prijon-Kajaks
Innlände 6
83022 Rosenheim
Tel.: 08031/30370
Fax: 08031/15374
www.prijon.com
Mail prijon-gmbh@t-online.de

Toni Prijon ist der weltweit führende Hersteller von Kajaks. In seinem Katalog enthalten: alles, was man rund ums Kanufahren so braucht und wissen muss. Wenn Sie die Kajaks einmal testen möchten, dann rufen Sie an, faxen oder schreiben Sie. Ein Testcenter ist sicher in Ihrer Nähe!

Gatz-Kanadier
Berg.-Gladbacher-Str. 787
51069 Köln (Delbrück)
Tel.: 0221/682300
Fax: 0221/6805231
www.Gatz-Kanus.de
Mail Gatz.Kanus@gatz-kanus.de

Der Name Gatz ist Symbol für sorgfältige Arbeit und formschöne Kanadier. Im Katalog erfahren Sie alles über die Welt des Kanuwanderns im Kanadier. Auch Gatz stellt Ihnen gerne nach Vereinbarung ein Testboot zur Verfügung oder nennt Ihnen eine Vertretung in Ihrer Nähe.

Pegeldienst

Zu wissen, wie viel Wasser den Fluss hinunterfließt, interessiert bei der Fahrtenplanung jeden Kanuten. Reicht der Wasserstand, um mit dem Boot ohne größere Grundberührungen ans Ziel zu kommen? Das will nicht nur der Faltbootfahrer wissen, der die kostbare Haut seines Kajaks und die Kleinlebewesen auf dem Grund schonen will. Ist Hochwasser zu erwarten? In diesem Fall mutiert manches bei Normalwasser problemlos zu befahrende Wehr durch einen starken Rücksog zur tödlichen Falle. Information über den Wasserstand ist angesagt.

Derzeit existiert ein Pegeldienst des Bayerischen Kanu-Verbands, der einen großen Teil der hier beschriebenen (kleineren) Flüsse in Bayern abdeckt. Mit diesem Dienst kann die Befahrbarkeit von fast 40 Kleinflüssen überprüft werden. Und das sehr kostengünstig:

Telefon 0 89 / 1 5702-4 43

www.bayern.de/lfw/hnd

Videotext Bayern 3 Tafel 627–629

Viel Spaß beim Entdecken der schönsten Flüsse Süddeutschlands – Auf Wiedersehen beim Kanufahren!